In dieser Reihe sind
bisher erschienen:

Richtig Aerobic
Richtig Aikido
Richtig Ausdauertraining
Richtig Badminton
Richtig Basketball
Richtig Bergsteigen
Richtig Body-Styling
Richtig Carven
Richtig Fahrtensegeln
Richtig Fitness-Skating
Richtig Frauenfußball
Richtig Fußball
Richtig Golf
Richtig Golf länger und genauer
Richtig Golf rund ums Grün
Richtig Handball
Richtig Hanteltraining
Richtig Hochtouren
Richtig Hockey
Richtig Inlineskaten
Richtig Judo
Richtig Kanu fahren
Richtig Karate
Richtig Krafttraining
Richtig Laufen
Richtig Marathon
Richtig Mountainbiken
Richtig Nordic Ski
Richtig Paragliding
Richtig Qi Gong
Richtig Reiten
Richtig Rennrad fahren
Richtig Sanftes Krafttraining
Richtig Schwimmen
Richtig Segeln
Richtig Skitouren
Richtig Snowboarden
Richtig Sporternährung
Richtig Sportklettern
Richtig Stretching
Richtig Taekwondo
Richtig Tai-Bo
Richtig Tai Chi
Richtig Tanzen Lateinamerikanische Tänze
Richtig Tanzen Modetänze
Richtig Tanzen Standardtänze
Richtig Tauchen
Richtig Tennis
Richtig Tennistraining
Richtig Tischtennis
Richtig Torwarttraining
Richtig Trainieren im Fitness-Studio
Richtig Trainieren mit der Pulsuhr
Richtig Trainieren mit dem Thera-Band
Richtig Triathlon
Richtig Volleyball
Richtig Walken
Richtig Yoga

Jürgen Kemmler

richtig carven

blvsportpraxistop

blv

Bibliographische Information
Der Deutschen Bibliothek
Die Deutsche Bibliothek verzeichnet diese Publikation in der Deutschen Nationalbibliographie; detaillierte bibliographische Daten sind im Internet über http://dnb.ddb.de abrufbar.

BLV Buchverlag GmbH & Co. KG
80797 München

Dritte, neu bearbeitete Auflage (Neuausgabe)

Layoutkonzept Innenteil: Buch & Konzept, Annegret Wehland, München
Layout: Walter Werbegrafik, Gundelfingen
Satz: agentur walter, Gundelfingen
Herstellung: Rosemarie Schmid
Umschlaggestaltung: Sabine Fuchs, fuchs_design, Ottobrunn

Gedruckt auf chlorfrei gebleichtem Papier

Printed in Germany
ISBN 10: 3-8354-0078-9
ISBN 13: 978-3-8354-0078-8

Hinweis
Das vorliegende Buch wurde sorgfältig erarbeitet. Dennoch erfolgen alle Angaben ohne Gewähr. Weder Autor noch Verlag können für eventuelle Nachteile oder Schäden, die aus den im Buch vorgestellten Übungen und Informationen resultieren, eine Haftung übernehmen.

Jürgen Kemmler
Jürgen Kemmler ist seit 1964 staatlich geprüfter Skilehrer und war in den 70er und 80er Jahren als Mitglied der Kommission für Technik und Methodik des Deutschen Verbandes für das Skilehrwesen mitverantwortlich für die Neukonzeption des national wie international hocherfolgreichen Skilehrplans. 1978 erschien die Erstausgabe von **»Richtig Skifahren«**, die seither in mehreren Neuauflagen und fremdsprachigen Ausgaben auf dem Markt ist. Mit der Entwicklung des Carverski wurden Technik und Methodik des Skifahrens neu definiert. Zur erforderlichen Aktualisierung der vorliegenden Neuausgabe **»Richtig Carven«** besonders beigetragen hat der Skiexperte Gerd Keglmaier vom Sportzentrum der TU München. Seine Mitarbeit umfasst im Wesentlichen die Textbeiträge »Grundwissen zur Skitechnik« (S. 27 bis S. 41), »Das Kernziel der Skitechnik und der Weg zum Parallelen Schwingen« (S. 57 bis S. 61), »Die wichtigsten Technikmerkmale des Carvens« (S. 62 bis S. 67) sowie das Kapitel »Varianten der Skitechnik« (S. 68 bis S. 89). Zur weiteren Fachlektüre sind die vom Deutschen Verband für das Skilehrwesen e.V./Interski Deutschland im BLV herausgegebenen Ski-Lehrpläne besonders zu empfehlen sowie die Broschüre »FIS-Verhaltensregeln und DSV-Tipps«. Herausgegeben in Zusammenarbeit von *Stiftung Sicherheit im Skisport* und *DSV-aktiv-Club* der Freunde des Skisports im Deutschen Skiverband.

Bildnachweis
Alle Fotos und Bildserien Walter Kaiser, außer:
IFA Bilderteam: S. 104/105
Illuscope: S. 10, 14/15
Imago Sportfotodienst: S. 91
Kemmler: S. 88
Kneissl: S. 9
Look: S. 2/3, 6, 18, 121
Mauritius: S. 12/13, 28, 54, 58, 67
Pictor: S. 114
Picture-Alliance: S. 64
Reuters AG: S. 119
Seer: S. 36
Waldhäusl: S. 16

Grafiken: Henriette Rintelen, außer:
Jörg Mair, S. 25, 26

Vorwort

Das Skifahren ist tot! Es lebe das Carven! Dieser Satz in meinem Vorwort der letzten Auflage sollte ausdrücken, dass sich im alpinen Skisport nicht nur hinsichtlich der Skiausrüstung eine im wahrsten Sinne einschneidende Metamorphose vollzogen, sondern auch, was die ausgefeilte Skitechnik angeht, sich ein ganz neues Kurvengefühl entwickelt hat. Der »Carving-Effekt« hat wesentlich dazu beigetragen, dass der Fahrspaß auf der Piste bei kurzen, mittleren und langen Schwüngen sowie im Tiefschnee vielen Skifans neue Dimensionen erschlossen hat. Mit Hilfe des Carvingskis können auch weniger begabte und ambitionierte Skifahrer bei richtiger Materialwahl das Kurvenfahren auf der Kante, also die schneidende Schwungsteuerung »erfahren«. Nie war es einfacher und spielerischer, sich auf der Piste zu bewegen, denn die Ski sind mittlerweile auf eine Länge um etwa 165 cm geschrumpft und ums Eck gehen sie fast von selbst, wenn man sie von einer Kante auf die andere umlegt. Allerdings müssen auch die Komponenten stimmen – nämlich all jene Aspekte, welche in der Funktionseinheit Mensch – Ski – Schuh und Bindung zusammenwirken. Die einzelnen Ausrüstungselemente wirken zusammen, um bestimmte Funktionen zu ermöglichen. Die in den letzten Jahren zunehmende Technologisierung der Skiausrüstung seitens der Skiindustrie, mit immer wieder neuen, zum Teil auch bahnbrechenden Innovationen, läuft jedoch Gefahr, den Menschen mit seinen individuellen Eigenheiten und konditionellen Voraussetzungen zu vernachlässigen. Innovationen sind gut, aber nicht jede Innovation bedeutet auch Fortschritt. Natürlich ist das Vertrauen in die richtige Ausrüstung sehr wichtig, aber nach wie vor handelt es sich beim Skifahren um eine Bewegung des Menschen selbst und schon gar nicht von durch ihn gesteuerten Fahrzeugen. Und noch eines darf nicht übersehen werden; auch wenn dank der optimalen Ausrüstung alles viel einfacher geht: Der Skilauf kennt keine normierte Sportarena, auf der sich immer derselbe Bewegungsablauf abspielt wie beim Schwimmen oder Eisschnellauf. Bei jedem Schwung ändert sich das Gelände, auch der Schnee wechselt und das Wetter mit Sonne, Schneefall, Nebel und Sturm schafft unterschiedlichste Bedingungen wie wohl kaum in einer anderen Sportart. Wenn man will, so ist die Piste für den Skifahrer ein Gegner, der sich quasi wie ein Chamäleon dauernd ändert und mit immer neuen Tricks den Fahrer aus seiner Bahn zu werfen sucht. Wer eine solch variable Geländesituation meistern will, muss ebenso variantenreich reagieren können. Das Geheimnis des heutigen Skisports ist deshalb kompliziert und einfach zugleich: Man muss seinen Fahrstil so perfektionieren, dass er immer funktionell auf das Gelände abgestimmt ist.

Jürgen Kemmler

Carven ist cool

Carven ist cool – und cool ist, was Spaß macht. So ist es eben auch nicht verwunderlich, wenn sich die winterliche Bergwelt, getreu dem vorherrschenden Zeitgeist, immer mehr zu einem Spaß-Dorado entwickelt. Der Fun-Park Alpen muss dem Skiurlauber heute einiges bieten und so hat sich auch das Umfeld des alpinen Skisports total gewandelt. Ausgerüstet mit dem stark taillierten Ski der neuesten Carving-Technologie geht's per Gondel oder Achter-Sessellift »aufi auf den Berg«. Wer sich früher nur entscheiden musste, ob er mehr zu den Pisten-, Tiefschnee- oder sportlicheren, also schnelleren Skifahrern zählt, und dafür neben Allround-, Slalom-, Race-Carver oder Freerider auswählen konnte, der hat heute bei der noch weitaus vielfältigeren Produktpalette die Qual der Wahl. Die Ski-Entwicklung, angetrieben durch die Marketing-Experten, muss sich immer wieder etwas Neues einfallen lassen. Als »Lifestyle« gilt im Skiwinter 2006/2007 der »Multi-Condition-Ski«. Ein Skimodell, das laut Hersteller große Allround-Fähigkeiten besitzt und auf präparierten Pisten eine perfekte Abstimmung, absolut müheloses und Fehler verzeihendes Fahren garantiert. Also ein Optimum an Fahrspaß bietet, meist mit der breiten Geometrie eines Freeriders und der starken Taillierung eines Slalomcarvers.
Was die individuell angepasste Funktionseinheit Ski, Schuh und Bindung betrifft, sollte der angehende wie der bereits passionier-

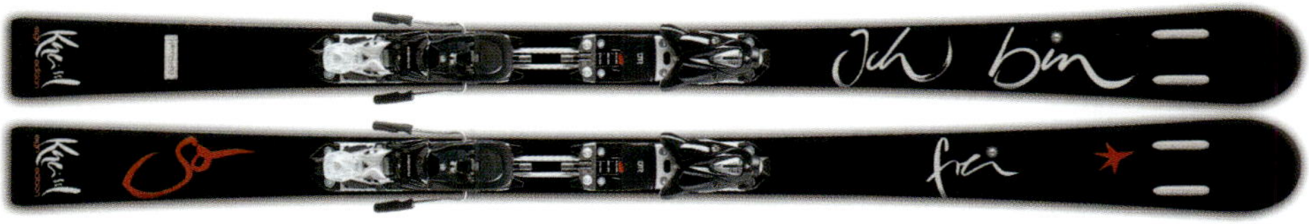

Lifestyle Anno 2006 n. Chr. – der so genannte Multi-Condition-Ski

te Carver unbedingt den Rat des Fachhandels suchen. Nur dort, wenn überhaupt, ist eine vom Fachmann aufs eigene Können verlässlich angepasste Ausrüstung zu erhalten. Das Gleiche gilt für alle anderen Accessoires wie z. B. die derzeit angezeigte Skimode, die sich immer mehr mit dem Design der Ski abgestimmt zeigt. Die Ski-Experten des Deutschen Skiverbandes (Tel. 089/8 57 90-0) beraten Sie gerne, wenn es um die Überprüfung, Einstellung und Pflege der Skiausrüstung geht. An diesem Zeichen erkennen Sie die autorisierten DSV-aktiv-Partner mit geprüfter Profi-Skiwerkstatt.

DSV aktiv Partner
geprüfte Profi-Skiwerkstatt

In puncto Skiausrüstung diktiert, wie kaum in einer anderen Sportart, die um Marktanteile ringende Skiindustrie das Tempo der Entwicklung. Insofern sollten Sie sich nicht wundern, wenn das, was ich hierzu aktuell festgehalten habe, morgen bereits Schnee von gestern ist. Sollte sich diese Ausgabe nicht so schnell verkaufen, wie die Skihersteller ihre neuen Carver an den Mann/die Frau bringen, dann bitte ich schon jetzt um Nachsicht. Deshalb erübrigt sich an dieser Stelle auch ein umfassender Beitrag zum Thema »Ausrüstung«.

In einer Felsenhöhle auf der »Roten Insel« am Polarkreis entdeckten Forscher dieses prähistorische »Ski-Haserl«. Anno 2000 v. Chr. tarnten sich die Steinzeitjäger mit Tiermasken, um mit Faustkeil und Steinaxt für einen »zünftigen Höhlenschmaus« zu sorgen. Wie ungleich leichter haben es die »Ski-Haserl« des 20. Jahrhunderts …

Trotz perfekter Ausrüstung darf aber niemals vergessen werden, dass »Carven mit Genuss-Garantie« zu einem ganz großen Anteil von den konditionellen und koordinativen Fähigkeiten des Skifahrers bestimmt wird. Denn eines hat sich mittlerweile ganz klar gezeigt: Der Preis der Technik, d. h. die starke Taillierung der Carvingski hat dazu geführt, dass bei unerwarteten Auslenkungen (z. B. Verkanten und Verschneiden) das biologische System überfordert ist und eben auch Korrekturprozesse des Skifahrers kaum mehr ausgeführt werden können. Umso wichtiger ist es deshalb, eine perfekte Fahrweise zu erlernen, am besten in einem altersgemäßen Skikurs einer Profi-Skischule. Die landläufige Meinung, ein Skikurs ist nur etwas für Anfänger, ist längst überholt. Das Angebot der modernen Skischulen bietet heute neben dem klassischen Anfänger- und Fortgeschrittenen-Kurs auch Spezialkurse für Wiedereinsteiger oder Trainingskurse für Steilhangfahren, Buckelpisten- und Tiefschneefahren. Selbst für Senioren – neudeutsch »Best Ager« – gibt es Kursangebote mit einem Konzept, das unter dem Begriff »Schneevital« die Generationen jenseits der 40 ansprechen soll.

Skisport im Grenzbereich

Skifahren – pardon Carven – ist ein Erlebnissport und bietet heute neben dem visuellen Erlebnis der herrlichen Hochgebirgslandschaft und dem geschnittenen Kurvengleiten, im Spiel mit dem Gleichgewicht, so ziemlich alles, was man sich in seiner Freizeit oder im Skiurlaub erträumt: frische Luft und Höhensonne, Bewegung und Bekanntschaft, allerlei Vergnügungsvielfalt mit aktiver Erholung im Winter-Wellnessbereich – und natürlich auch Party-Time auf der Berghütte. Dass sich dabei nicht alle Skifahrer-»Träume« immer erfüllen, zeigt die Auswertungsstelle für Skiunfälle. Welch hohes Gefährdungspotenzial im alpinen Rennsport besteht, belegen die zahlreichen schweren Verletzungen, insbesondere im Winter 2005/2006. Die Häufigkeit, mit der im Weltcup materialbedingt Knieverletzungen zunehmen, ist Besorgnis erregend. Mediziner und Sportwissenschaftler fordern deshalb deutlich, den alpinen Skisport wieder gesundheitsverträglicher zu machen. Beim Nicht-Rennsportler haben zwar Unterschenkelbrüche auffallend abgenommen, aber auch da ist der prozentuale Anteil der Knieverletzungen (häufig Kreuzbandrisse) angestiegen. Besonders auffallend ist jedoch, dass die unverschuldeten Unfälle zugenommen haben. Die Ursache dafür liegt einmal in der höheren Frequentierung der Abfahrtspisten durch die größeren Kapazitäten moderner Seilbahn- und Liftanlagen, was häufig zu Kollisionen führt, zumal die Pisten in den Skigebieten meist nicht breiter sind als früher.

Die Analyse des Verletzungsrisikos ist andrerseits viel komplexer zu betrachten, denn meistens spielen dabei mehrere Faktoren eine Rolle. So war früher das Bestreben der Skifahrer, möglichst in der »Direttissima« abzufahren. Das Carven verleitet mehr zum Kurvenfahren, d. h. der Skifahrer benötigt bei seiner Abfahrt mehr Platz und ist deshalb bereits für den normalen Pistenverkehr gefährlicher. Dazu kommt, dass das Fahren mit Carvingski konditionell anstrengender ist als mit weniger taillierten Brettern und die meisten »Genuss-Skifahrer« nicht die Muskel-

Perfekte Skitechnik vor 100 Jahren – der Kristianiaschwung (rechts)

Kraftausdauer besitzen, um den Carvingski über den ganzen Skitag zu beherrschen. Vor allem bei schlechten Pistenverhältnissen und am Nachmittag, wenn die Müdigkeit zunimmt, die Piste vereist oder das Wetter sich verschlechtert und die Muskulatur »übersäuert«, passieren die meisten Unfälle. Wenn das System »Skifahrer – Ski« konditionell nicht mehr richtig gesteuert werden kann, kommt es schneller zum Verkanten der Ski und damit in der Folge zu Stürzen mit Knieverletzungen. Fazit: Das Skifahren mit dem kürzeren Carvingski ist zwar einfacher, aber nicht gleichermaßen weniger unfallträchtig und sicherer geworden. Es scheint so, dass in der Funktionseinheit Mensch – Ski – Schuh und Bindung der Mensch das mittlerweile schwächste Glied geworden ist. Das bedeutet, dass die konditionelle Komponente nach wie vor eine bedeutende Rolle spielt.

Mit Hilfe der Carvingtechnik kann sich der Skiläufer auch bei höherem Tempo »in die Kurve legen«.

Die 10 DSV-Gesundheitsregeln für Skifahrer

1. Jeder Skifahrer sollte konditionell gut vorbereitet sein, der Bewegungsapparat und das Herz-Kreislauf-System so trainiert sein – am besten das ganze Jahr über –, dass allen sportlichen und körperlichen Anforderungen genügt wird.

2. Den Wetterverhältnissen angepasste Kleidung ist unerlässlich, um Unterkühlungen auszuschließen. Die technische Ausstattung, vor allem Schuhe und Bindung, müssen den neuesten Sicherheitsvorschriften entsprechen.

3. Nach längeren Abfahrten Erholungspausen einlegen und die Fahrzeiten, insbesondere in den ersten Tagen, nicht zu lange ausdehnen. Unfälle ereignen sich überwiegend bei Ermüdung und am späten Nachmittag.

4. Bei Herzschmerzen, Schwindel, Atemnot und anderen Beschwerden anhalten und sobald als möglich den Arzt aufsuchen.

5. Vorsichtiges und umsichtiges Fahren vermeidet Unfälle. Lawinensperrgebiete nie durchfahren.

6. Übermäßiges Essen unmittelbar vor und während des Skilaufens sind zu vermeiden. Kleine kohlenhydratreiche Zwischenmahlzeiten haben sich bewährt.

7. Vor und während des Skilaufens keinen Alkohol trinken.

8. Menschen mit Risikofaktoren wie erhöhtem Blutdruck, Diabetes, Herzproblemen und bei Einnahme von Medikamenten sowie Kinder und Jugendliche dürfen meistens auch Skilaufen, sollten zuvor aber den Rat ihres Arztes einholen.

9. Nicht das Alter, sondern ein schlechter Trainings- und Gesundheitszustand sind ein Grund, auf das Skilaufen zu verzichten.

10. Skiläufer sollten auf ausreichend Schlaf achten, damit der Körper sich von den täglichen Belastungen erholen kann.

Ski-Kondition

Da heute immer mehr konditionsschwache Personen aus zum Teil alpenfernen Regionen mit dem Skisport beginnen oder ihn intensiv erleben möchten, muss auf die Bedeutung eines gezielten Ski-Konditionstrainings vor der Skisaison besonders hingewiesen werden. Aber auch im Hinblick auf die skitechnische Könnenssteigerung spielt die Kondition eine wichtige Rolle. Unter Kondition im Sport wird die Summe aller leistungsbestimmenden körperlichen Fähigkeiten und ihre Umsetzung durch bestimmte Persönlichkeitseigenschaften (Motivation, Wille) verstanden.

> Sind Mängel in der Kondition vorhanden, kann die perfekte Technik nie erlernt werden. Je perfekter die Technik beherrscht wird, umso wirksamer können die konditionellen Eigenschaften eingesetzt werden.

Man muss sich bewusst sein, dass

- sicheres Fahren eine Minimalkondition erfordert.
- schnelleres Fahren eine gute Kondition voraussetzt.
- Fahren auf Eis und in Buckelpisten eine sehr gute Kondition notwendig macht.
- Fahren im Tiefschnee und bei schlechten Schneeverhältnissen für Konditionsschwache äußerst risikoreich ist.

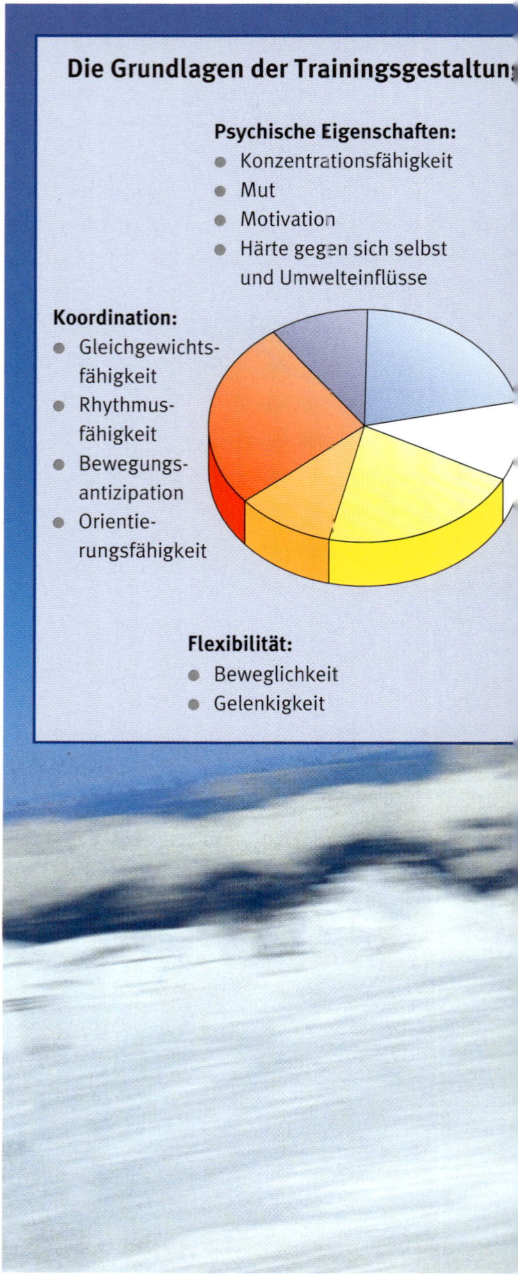

Kraft:
- Kraftausdauer
- Schnellkraft
- Maximalkraft

Schnelligkeit:
- Reaktions-schnelligkeit
- Aktions-schnelligkeit

Ausdauer:
- Allgemeine aerobe Ausdauer
- Lokale Muskel-ausdauer

No risk, no fun! Der sicherheitsbewusste Skifahrer trägt heute einen Helm.

Zweck und Ziel des Ski-Konditionstrainings

Nur eine gezielte konditionelle Vorbereitung mit der richtigen Dosierung des Konditionstrainings im Hinblick auf die beim alpinen Skisport auftretenden körperlichen Anforderungen und Belastungen entwickelt die richtige Ski-Kondition.

Zweck eines richtig praktizierten Konditionstrainings ist:

- Die Muskulatur zu lockern, zu dehnen und zu kräftigen.
- Die Bewegungsmöglichkeit des Skiläufers so zu verbessern, dass alle Gelenke, Muskeln, Sehnen und Bänder uneingeschränkt bewegt werden können.
- Die koordinativen Fähigkeiten zu entwickeln, die zur Umsetzung der konditionellen Grundqualitäten unverzichtbar sind; dazu zählen:
  - Gleichgewichtsfähigkeit
  - räumliche Orientierungsfähigkeit
  - Reaktionsfähigkeit
  - Rhythmusfähigkeit
  - Bewegungsempfindung.

Koordinationstraining »schärft die Sinne«.

➤ Die sportmotorischen Eigenschaften Kraft, Ausdauer, Schnelligkeit, Gewandtheit und Beweglichkeit (Dehnungsfähigkeit der Muskeln, Sehnen, Bänder) so zu trainieren, dass jeder Skiläufer mit einer guten Kondition seinen Skiurlaub antreten kann.

Welche Konditionselemente sind für den Carver wichtig?

Eine gezielte Vorbereitung ist bereits zu Hause in der schneelosen Zeit möglich. Mit Hilfe von verschiedenen Trainingsmethoden kann man die allgemeinen und speziellen konditionellen und koordinativen Fähigkeiten entscheidend verbessern. Nach wie vor ist eine kompetente Skigymnastik gut geeignet, die Freizeitsportler auf die körperlichen Anforderungen beim Skifahren vorzubereiten, denn nur wer fit ist, kann das Verletzungsrisiko minimieren und gleichzeitig den Spaß erhöhen. Die Grafik auf Seite 14/15 macht deutlich, welchen Anteil die einzelnen Eigenschaften im Rahmen des gezielten Konditionstrainings haben. Im Rahmen des skigymnastischen Konditionstrainings müssen vor allem die auf Seite 14 aufgeführten körperlichen Fähigkeiten trainiert werden.

Training der Ski-Kondition

Man versteht darunter eine Mischung verschiedener Trainingsformen, je nach Zielgruppe und individuellem Trainingszustand.

Die wichtigsten Muskelgruppen. Die beim Carven zu leistende Muskelarbeit konzentriert sich primär auf die Beinmuskulatur, sekundär auf die Rumpfmuskulatur.

Für den leistungsorientierten Skifahrer bietet sich eine Kombination von Kreislauf- und komplexem Muskeltraining an, da sich der Skisport auf Grund der starken Skitaillierungen und Erhöhungsplatten immer mehr zum Kraftsport entwickelt.

Die folgenden Konditionsprogramme sind für den freizeitorientierten Carver zusammengestellt worden.

Programm 1: Kraftübungen zur Körperstabilisierung

Beim Carven treten hohe äußere Kräfte auf. Um bestimmte Körperpositionen beizubehalten, braucht man Kraft für das Zusammenspiel der verschiedenen Muskelgruppen. Mit Hilfe von körperstabilisierenden Übungen wird ein kompaktes Muskelkorsett im Becken-, Bauch- und Rückenbereich aufgebaut.

Bauchmuskulatur

Rückenlage (evtl. auf Matte) am Boden. Hände seitlich an den Ohren, Ellbogen zeigen nach oben. Beine anhocken (90°-Winkel), ebenso Füße zum Schienbein anziehen. Abheben des Oberkörpers, die Ellbogen zeigen zur Decke.

Tipps:

➤ Bewegungsrichtung zur Decke, nicht zu den Knien.

➤ Beine bleiben unbeweglich im 90°-Winkel.

➤ Bewusst ausatmen, wenn die Belastung am größten ist.

Anzahl der Wiederholungen:
3 Serien à 20 mit jeweils 2 bis 3 Minuten Pause.

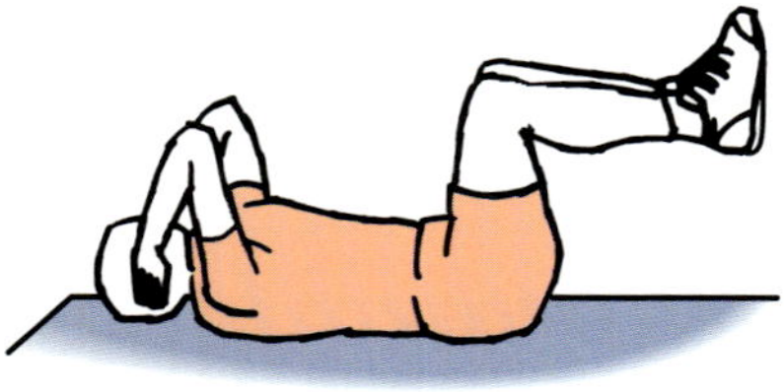

Ausgangsstellung

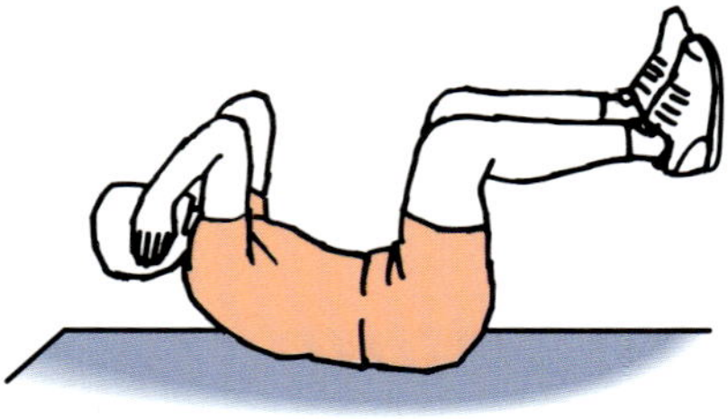

Endstellung

Rückenmuskulatur

Bauchlage (evtl. auf Matte) am Boden. Arme in Vorhalte, Daumen zeigen nach oben. Fußspitzen am Boden. Mit den Armen im Wechsel »Holz hacken«.

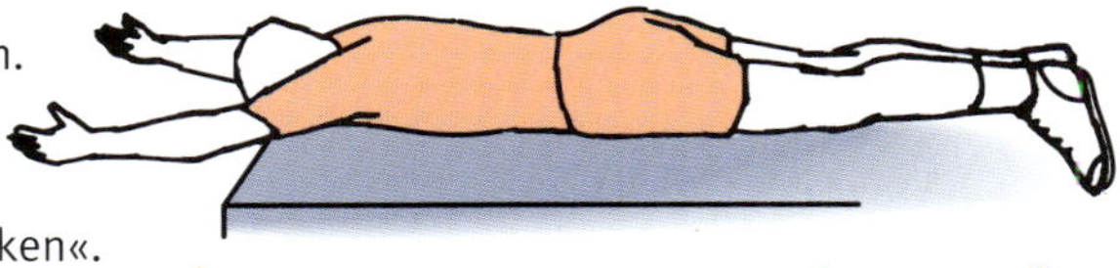

Ausgangsstellung

Tipps:

➤ Kopf in Verlängerung der Wirbelsäule, Stirn leicht vom Boden abheben.

➤ Handflächen nach innen, Daumen zur Decke.

➤ Saubere Ausführung mit guter Atemkontrolle.

Anzahl der Wiederholungen:
3 Serien à 20 mit jeweils 2 bis 3 Minuten Pause.

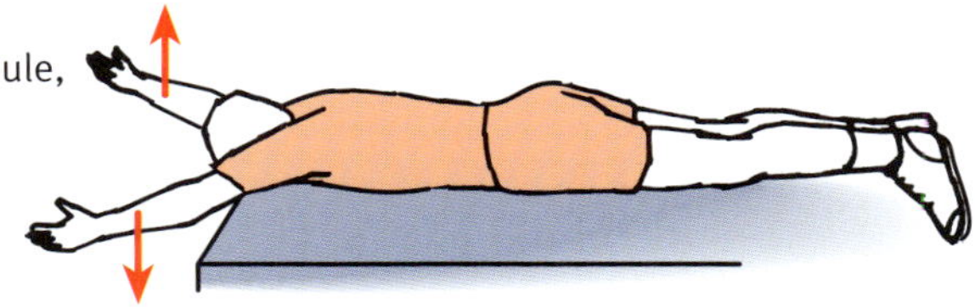

Endstellung

Rumpfmuskulatur

Unterarmstütz in Bauchlage, Becken anheben und halten, Fußspitzen am Boden. Die Beine wechselseitig leicht anheben.

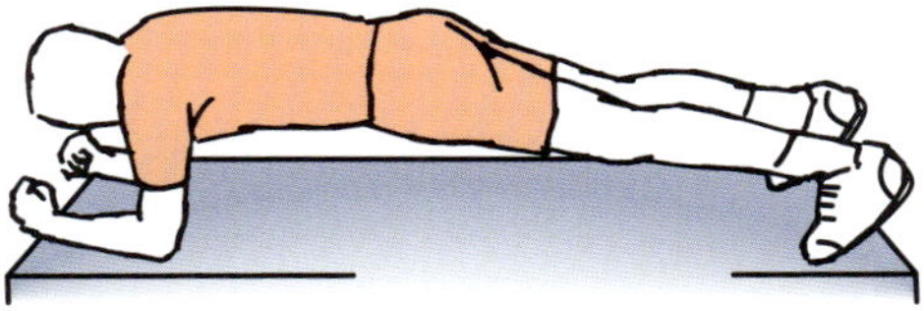

Ausgangsstellung

Tipps:

➤ Kopf in Verlängerung der Wirbelsäule, gerader Rücken.

➤ Saubere Ausführung mit guter Atemkontrolle.

➤ Sehr anstrengende Übung!

Anzahl der Wiederholungen:
3 Serien à 10 (1 Wiederholung = 1 x links, 1 x rechts) mit jeweils 3 Minuten Pause.

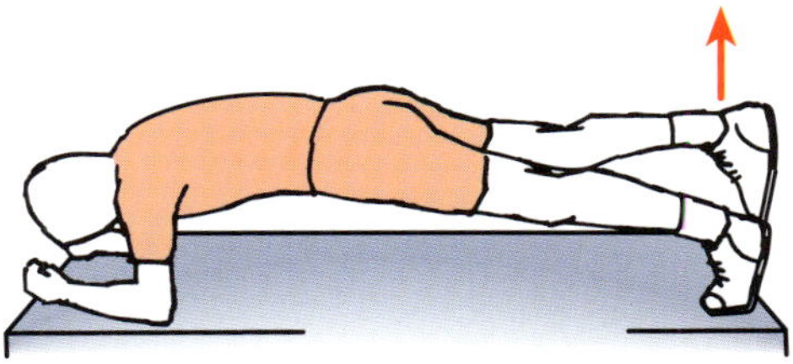

Endstellung

Programm 2: Kraft und Koordination

Ein guter Carver ist daran zu erkennen, dass er in jeder Situation sein Gleichgewicht regulieren kann und mit kontrolliertem, fein abgestimmtem Krafteinsatz fährt. Beim Rennläufer im Riesenslalom werden dabei Kraftbelastungen bis zum Fünffachen des eigenen Körpergewichts erreicht. Mit Hilfe von ausgewählten Kraft- und Koordinationsübungen kann dies gezielt trainiert werden.

Kräftigung von Wadenmuskulatur, Gesäßmuskulatur, Kniegelenksstrecker

1. Wechselsprünge beidbeinig nach links und rechts.
Variation: Seitliches Überspringen von Hindernissen (z. B. Langbank) mit beidbeinigem Abdruck aus den Beinen.

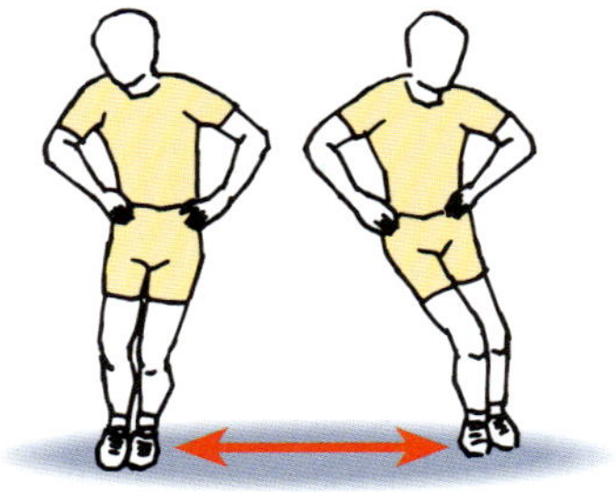

Verbesserung des Gleichgewichts/ der Beweglichkeit

2. Aus dem Stand abwechselndes Achterkreisen jeweils eines Beines.

Kräftigung der Rumpfmuskulatur

3. Wechsel von Streckstand, Hockstütz, Liegestütz, Streckstand ohne Pause.

Verbesserung des Gleichgewichts

4. Kniebeugen auf einem Bein, Arme vor dem Körper verschränkt.
Abwechselnd links und rechts.

Kräftigung von Wadenmuskulatur, Gesäßmuskulatur, Kniegelenksstrecker

5. Verschiedene Sprungformen (beidbeinig und einbeinig), dabei nach der Landung jeweils 2 bis 3 Sek. verharren und eine stabile Landeposition einnehmen.

Verbesserung der Beweglichkeit (Wirbelsäule/Hüftgelenk)

6. Rumpfdrehen und Rumpfdrehbeugen, Grätschstand – Knie durchgestreckt.

Training von Rhythmus und Schnelligkeit

7. Beidbeiniges Springen im Dreieck (Walzertakt), Viereck (Rumbatakt) und im Stern nach Zeit.

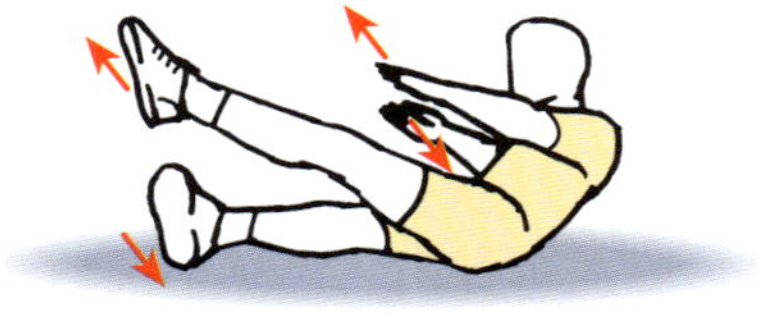

Kräftigung von Hüft- und Oberschenkelmuskeln

8. Schnelle Sitzschere mit verschränkten Armen.

In den Pausenzeiten bieten sich Lockerungsübungen an.
Dehnübungen, speziell für

- die Wadenmuskulatur
- die Oberschenkelrückseite
- die Oberschenkelvorderseite
- den Hüftbeuger
- die Brustmuskulatur

müssen unbedingt jedem Krafttraining folgen (siehe Seite 24).
Nach dem Training empfehlen sich Dehnübungen nur in sehr dosierter Form.

Zirkeltraining

Als organisatorisch idealste Form zur Durchführung dieses speziellen Trainingsprogramms hat sich in der Praxis das Circuit-Training, auch Zirkeltraining oder Kreistraining genannt, bewährt. Der Begriff Zirkeltraining bedeutet, dass man sich ein Trainingsprogramm zusammenstellt, wobei verschiedene Muskelgruppen und natürlich auch der Herz-Kreislauf-Zustand nacheinander durch ausgewählte Übungen, nach dem Prinzip der progressiven Belastung, sozusagen im Kreis trainiert werden.
Hierbei ist das Training gleichzeitig immer ein Test und ermöglicht deshalb eine gute Leistungskontrolle.
Die Durchführung des Zirkeltrainings erfordert zunächst immer einen sog. Maximaltest. Dabei wird festgestellt, wie oft man eine ausgewählte Übung überhaupt oder in einer festgelegten Zeitdauer (z. B. 30 Sek.) ausführen kann. Die erreichte Maximalleistung entspricht dann 100 %. Je nachdem, welches Ziel man verfolgt, kann nun jeder selbst seine individuelle Belastung genau festlegen.

Dazu zwei Beispiele zum besseren Verständnis:

1. Beabsichtigt man, die Kraft zu steigern, ist eine Reizstärke von ca. 80 % der Maximalleistung notwendig. Z. B. Maximalleistung: 10 Liegestütze, Trainingsleistung: 8 Liegestütze.
2. Beabsichtigt man, die Ausdauer zu steigern, ist eine Reizstärke von ca. 25 % der Maximalleistung notwendig, allerdings mit langer Belastungsdauer ohne Pause. Z. B. Maximalleistung: 10 Liegestütze, Trainingsleistung: 3 Liegestütze, mehrere Serien.

Ein einmal festgelegter Zirkel sollte, damit man eine echte Leistungskontrolle hat, längere Zeit (mindestens vier Wochen) beibehalten werden. Eine zusätzliche Kontrolle kann man erzielen, wenn man die Trainingszeit für jede Übung genau festsetzt.
Die Belastungs- und Pausendauer muss sich an Alter, Geschlecht und individuellem Leistungsvermögen orientieren. Nach jedem Rundgang sollte die Belastung durch Pulsmessung kontrolliert werden.
Eine weitere Leistungssteigerung kann erreicht werden durch:

- Kürzung der Pausen
- Fortfall der Pausen
- Verlängerung der Trainingszeit
- Hinzunahme weiterer Stationen.

Das Zirkeltraining muss immer von einem Warm-up und Cool-down eingerahmt werden.
Als »Allround-Training« ist das Zirkeltraining in jeder Jahreszeit geeignet und überall problemlos zu praktizieren.

Programm 3: Stretching für Carver

Neben der Muskelkräftigung, der Koordinationsverbesserung, der Beweglichmachung und Muskellockerung ist die Muskeldehnung ein wichtiger Teil des gymnastischen Konditionstrainings. Nur ein dehnfähiger Muskel ist optimal leistungsfähig, macht die Muskulatur geschmeidiger, ermöglicht die höchste Gelenkbeweglichkeit und vermeidet Verletzungen. Dehnübungen sind für die Konditionsgymnastik des Skifahrers ein unentbehrlicher Bestandteil.
Dehnübungen sind nach langem Sitzen, Stehen oder wenn man sich steif fühlt, besonders wohltuend. Jeder Skifahrer kennt das: In bewegungshemmenden Skischuhen eingepfercht, dabei häufig lange Wartezeiten am Lift erduldend, fühlt man sich von Tag zu Tag zunehmend steifer.

Dehnübungen, regelmäßig morgens vor dem Skifahren oder abends nach der Anstrengung durchgeführt, schützen vor muskulären Verspannungen und beschleunigen die Regeneration.

Tipps:

➤ Dehnübungen müssen langsam und gefühlvoll ausgeführt werden, dürfen auf keinen Fall bis an die Schmerzgrenze gehen.
➤ Keine stoßartigen oder wippenden Bewegungen machen.
➤ Während der Dehnung ruhig und rhythmisch atmen.

Gesäßmuskulatur/Rückenmuskulatur

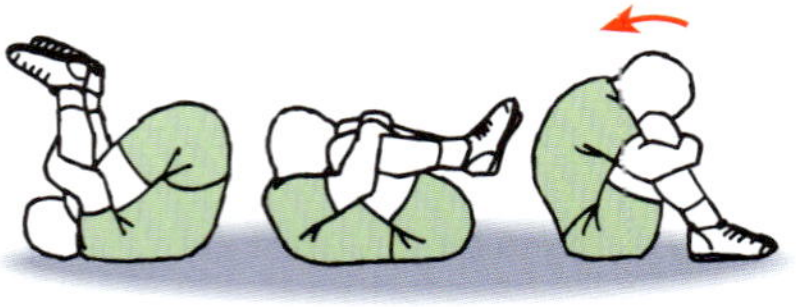

1a

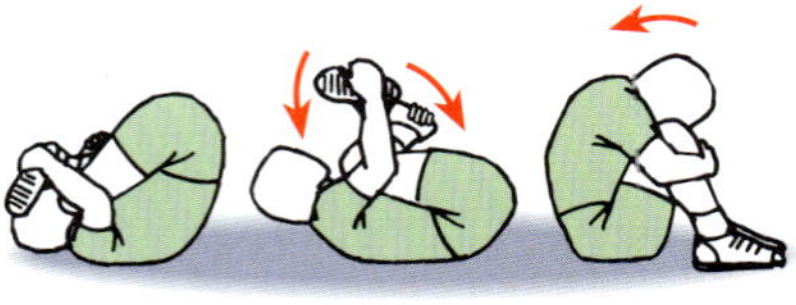

1b

Zeitdauer der Anspannung:

1	10-mal vor- und zurückrollen
2	– 20 Sek.
3	– 30 Sek.
4	– 20 Sek.

Hüftbeugemuskulatur/Wadenmuskulatur
Vordere Oberschenkelmuskulatur

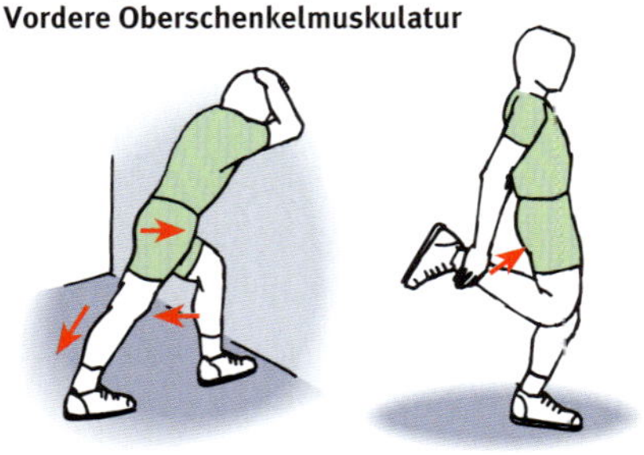

2

Innere Beinabspreizmuskulatur

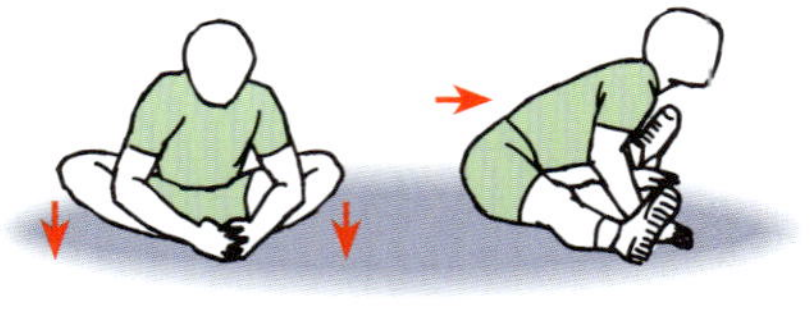

3

Rumpfmuskulatur

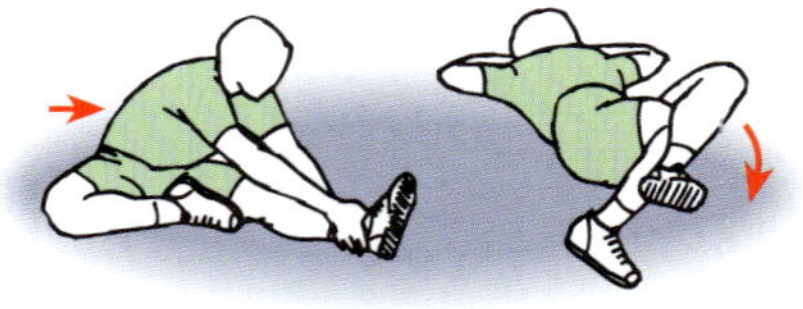

4

Programm 4: Nordic-Training im Gelände

Die Vorbereitung in der schneefreien Zeit sollte sich nicht auf das Training in der Halle beschränken, denn neben der gymnastischen Konditionierung kann gerade ein Training im Gelände den Skiläufer auf die verschiedenen Anforderungen (wechselnde Hangneigung) und wechselnde Situationen (Anpassung an Gelände und Umweltreize) beim Skilaufen gezielter vorbereiten. Als idealer »Trainingspartner« erweisen sich dabei Skistöcke. Neben dem normalen Trainingseffekt beim Nordic Walking als Ganzkörpertraining bewirkt das »Stocktraining« darüber hinaus noch dreierlei:

- Kräftigung der Schulter- und Armmuskulatur im Sinne der Stützkraft.
- Gewöhnung an die Stockhaltung und den Stockeinsatz im Sinne der Vorbereitung auf das Skilaufen.
- Mit Hilfe von Dehn- und Mobilitätsübungen kann die Beweglichkeit verbessert werden.

Die folgenden Übungsbeispiele sind eine Auswahl. Stellen Sie daraus selbst ein individuelles Trainingsprogramm nach Ihren Anforderungen zusammen.

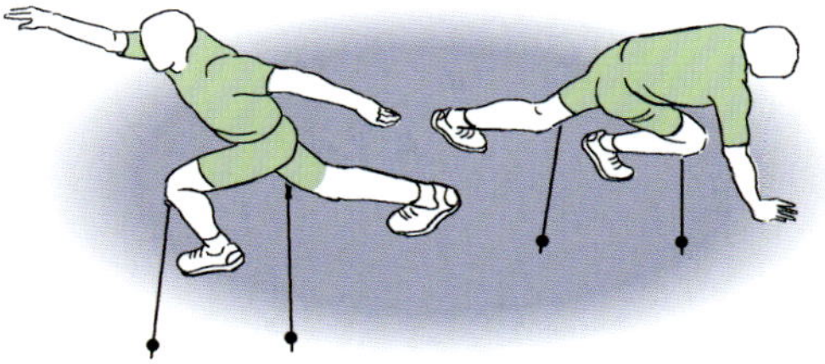

1 Langlaufspringen mit weitem Ausfallschritt. Wechselspringen im Liegestütz.

2 Rumpfdrehen nach links und rechts.

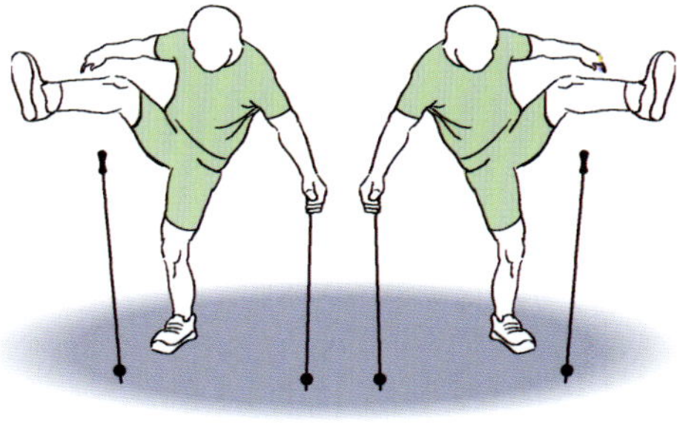

3 Beinkreisen über die Stöcke, abwechselnd links und rechts.

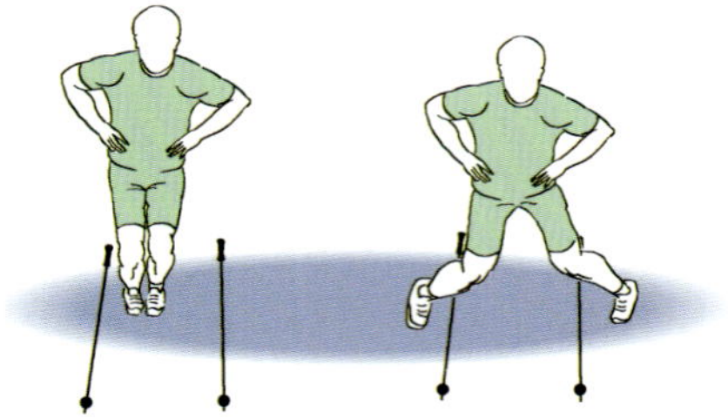

4 Pflugspringen mit Schließen der Beine im Wechsel.

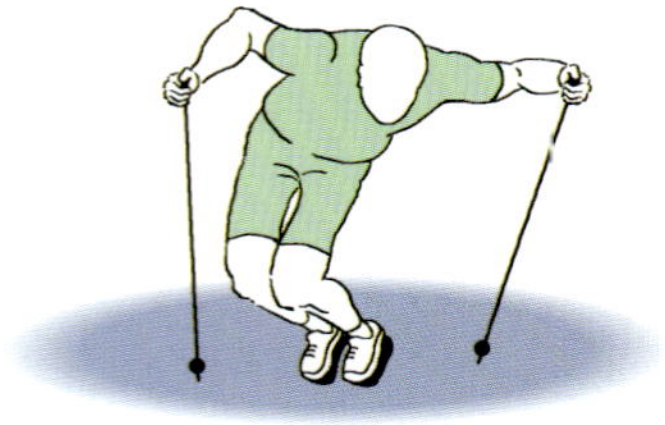

8 Abwechselnd die Knie nach links und rechts zu den Stöcken drücken (Aufkanten).

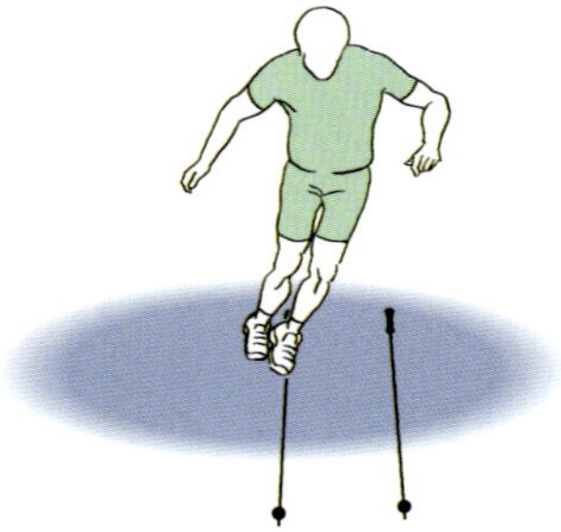

5 »Wedelspringen« über die Stöcke nach links und rechts im Wechsel.

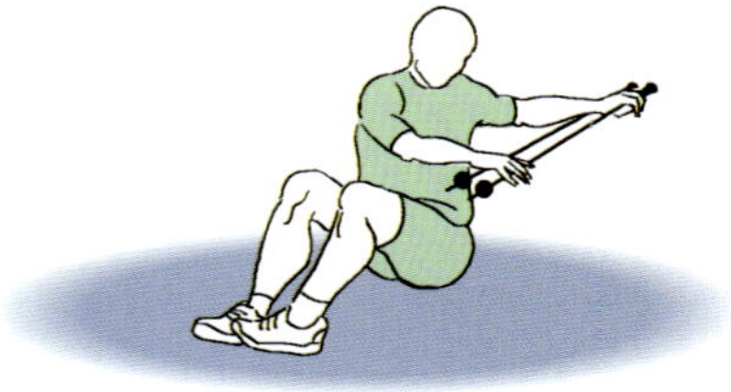

9 »Sitzwedeln« mit betontem Gegendrehen des Oberkörpers zu den Beinen.

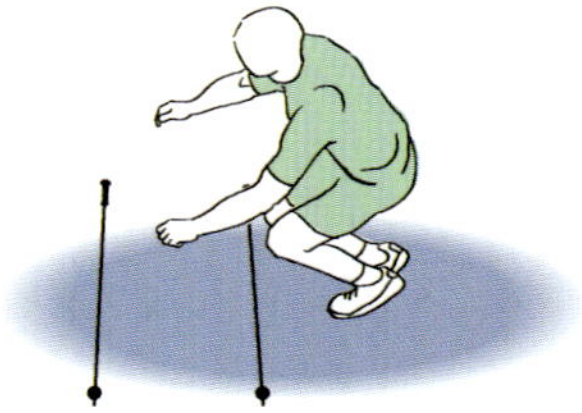

6 Hocksprünge über die Stöcke vorwärts und rückwärts.

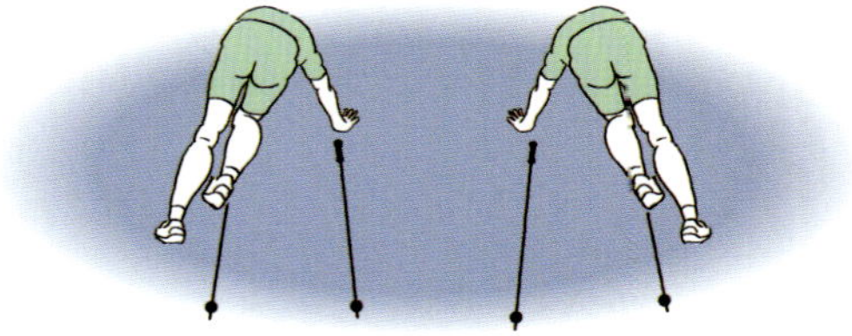

10 Umsteigespringen im Liegestütz über die Stöcke nach links und rechts.

7 Skimambo: Rhythmisches Springen am Ort mit betontem Gegendrehen des Oberkörpers.

Auch im hügeligen Gelände bieten sich abwechslungsreiche Trainingsformen an: Freies Laufen im Gelände

- über Stock und Stein
- bergauf, bergab mit vielen Richtungsänderungen.

Grundwissen zur Skitechnik

Welche Skitechnik ist die beste? Welche Skitechnik kennzeichnet den guten Skiläufer? Häufig gestellte Frage an Skilehrer und Könner, die sich leider nicht so einfach beantworten lassen. Der Skilauf als Natursportart unterliegt einer Vielzahl von Faktoren, die Einfluss auf die Bewegungstechnik nehmen können. Dabei ist nicht nur an das natürliche alpine Gelände zu denken, sondern auch an den jeweiligen Pistenzustand, die Schneeverhältnisse, die Witterung oder auch die individuellen persönlichen Fähigkeiten jedes einzelnen Skiläufers.

Wie kompliziert sich die Situation unter Umständen darstellen kann, soll ein einfaches Beispiel zeigen:

Sie beginnen einen Skitag bei schönem Wetter und fahren sich am Vormittag zunächst auf blau markierten Pisten ein. Am Nachmittag wagen Sie sich dann in steileres Gelände, die Pisten sind überraschenderweise härter, als Sie erwartet haben, und erste Ermüdungsanzeichen machen sich bemerkbar. Das Wetter verschlechtert sich. Mit Sicherheit kein seltenes Zusammentreffen von drei Faktoren, auf die Sie ihre Skitechnik jetzt einstellen müssen. Sie reduzieren Ihr Tempo, setzen verstärkt die Skikanten ein und versuchen, durch eine flüssige Aneinanderreihung der Schwünge Kraft zu sparen. Mit anderen Worten: Sie passen Ihre Skitechnik kurzfristig der neuen Situation an.

Die wechselnden Situationen im Skilauf erfordern eine variable und individuelle Skitechnik.

Aktionen und Funktionen

Die Anpassung der Skitechnik erfolgt in der Regel durch Teil- oder Ganzkörperbewegungen, die auch Aktionen genannt werden.

Die wichtigsten grundlegenden Bewegungsaktionen haben wir schon als Kinder gelernt. Besonders skitypische Bewegungen sind das Beugen und Strecken vor allem in Sprung-, Knie-, Hüftgelenken und der Wirbelsäule, fer-

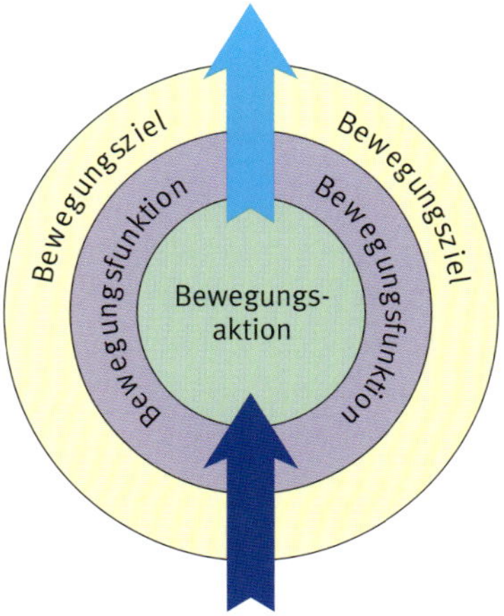

Bewegungsaktionen, Bewegungsfunktion und Bewegungsziel bedingen einander gegenseitig.

Safety first! Das gilt auch für den Carver.

ner Drehbewegungen des Hüftgelenks und der Wirbelsäule oder auch das Heben und Senken der Arme. Jede Teilbewegung ist aber nur dann sinnvoll, wenn dahinter ein auf die jeweils geforderte Bewegung abgestimmtes Bewegungsziel, eine so genannte Funktion steht.

Dies soll wieder an einem Beispiel verdeutlicht werden:

Eine kräftige Streckbewegung des Körpers zur Schwungeinleitung führt auf einer harten oder gar eisigen Piste zu einem starken Drehen oder sogar Überdrehen der Ski und einem unkontrollierten Rutschen. Dieselbe Streckbewegung bewirkt dagegen bei weichem Neuschnee oder sulzigem Schnee erst ein Drehen der Ski in die gewünschte Richtung. Die Folgerung daraus: Eine kräftige Streckbewegung ist bei hohem Drehwiderstand des Schnees funktionell, bei geringem Drehwiderstand dagegen wirkt sich dieselbe Bewegung negativ aus.

Skilauf – ein Spiel mit dem Gleichgewicht

Der Skilauf ist eine Sportart mit dem Ziel, in jeder Situation das Gleichgewicht zu erhalten oder wieder herzustellen und somit unkontrolliertes Fahren oder Stürzen zu vermeiden. Dabei ist das Regulieren des Gleichgewichts durchaus kompliziert, da die Lage des Körperschwerpunkts als Zentrum des Körpergewichts ständig durch äußere Kräfte wie die Erdanziehungskraft und Trägheitskräfte oder in Kurven zusätzlich noch durch die Fliehkraft beeinflusst wird und andauernd korrigiert werden muss.
Von großer Bedeutung sind dabei die **Körperstellung** und die **Körperlage**.

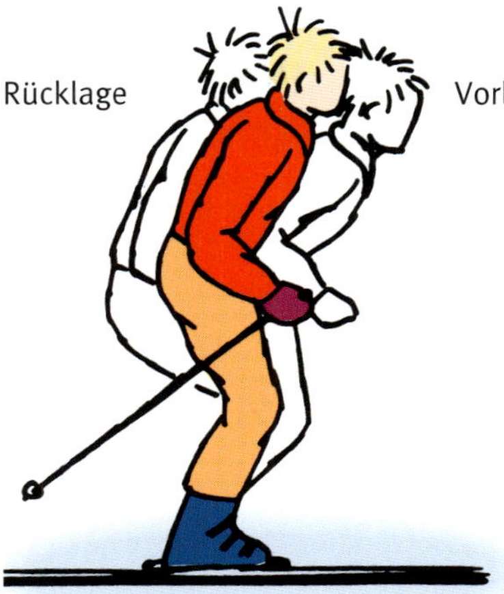

Die Körperstellung beschreibt die Winkelstellung der im Skilauf wichtigen Gelenke. Man unterscheidet zwischen einer tiefen, einer mittleren und einer hohen Körperstellung bei starker, mittlerer oder geringer Beugung vor allem des Sprung-, Knie- und Hüftgelenks.

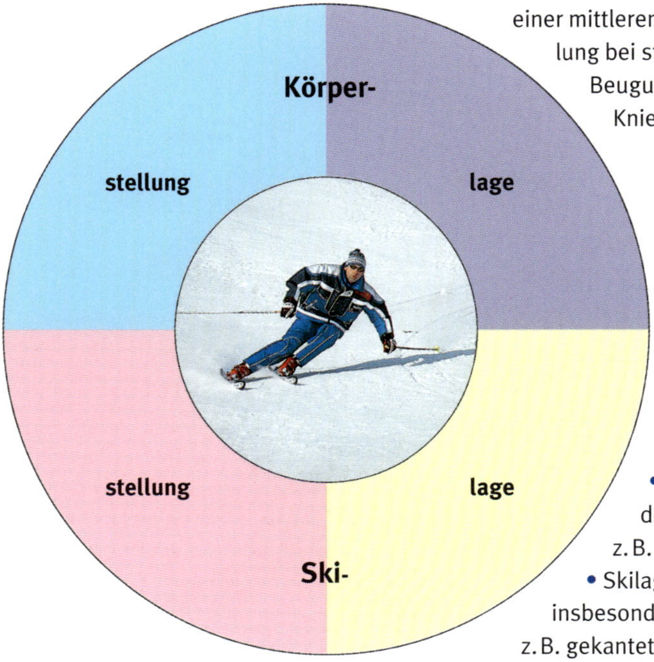

Kurvenposition setzt sich zusammen aus:

- Körperstellung = Stellung der Körperteile zueinander, z. B. gebeugt, gestreckt u. a.
- Körperlage = Lage des Körpers im Raum, z. B. Innenlage, Außenlage u. a.
- Skistellung = Stellung der Ski zueinander, z. B. offen, geschlossen, Schritt
- Skilage = Lage der Ski, insbesondere zur Unterlage, z. B. gekantet, flach.

Die Körperlage beschreibt die Lage des Körperschwerpunkts in Längsrichtung der Ski. Man spricht von Neutrallage, wenn die gesamte Fußsohle gleichmäßig belastet wird, von Vorlage bei stärkerer Belastung der Ballen und von Rücklage bei stärkerer Fersenbelastung.

Für die Gleichgewichtserhaltung bieten eine neutrale Körperlage, eine mittlere Körperstellung sowie eine offene Beinstellung die besten Voraussetzungen.

Bei der Einleitung und im Verlauf von Schwüngen muss jeder Skiläufer ebenso wie ein Radfahrer, der bei höherer Geschwindigkeit durch eine Kurve fahren möchte, eine **Kurvenlage** einnehmen. Wie stark man sich in die Kurve legen darf, bestimmen vor allem die Fahrgeschwindigkeit und der Radius der Kurve. Auch hier ist eine ständige Regulierung der Lage und damit des Gleichgewichts erforderlich.
Körperstellung und Körperlage werden häufig unter dem Begriff **Körperposition** zusammengefasst.
Eine mittlere Position umschreibt sowohl eine mittlere Beugung von Sprung-, Knie-, Hüftgelenken und der Wirbelsäule als auch eine neutrale Körperlage.
Ein letzter Punkt zum Gleichgewicht:
Eine **offene Bein- und Skistellung** erleichtert erheblich die Gleichgewichtserhaltung. Spezielle Situationen wie Tiefschnee und enge Buckel sollten zu einer **engen Bein- und Skistellung** führen.
Offen bedeutet, dass die Ski bis zur Hüftbreite geöffnet sind, eng umschreibt einen etwa handbreiten Abstand der Ski.

Kernelemente und Grundfertigkeiten der Skitechnik

Grundlegende skitechnische Fähigkeiten, also Voraussetzungen zum Gelingen von Richtungsänderungen im Skilauf sind:

- das Gleiten
- das Drehen
- das Kanten
- das Belasten und Entlasten

der Ski, die deshalb auch als **Kernelemente** der Skitechnik bezeichnet werden.
Diese Fähigkeiten können am besten mittels grundlegender skispezifischer Bewegungsabläufe erworben werden.

Die **Grundfertigkeiten** der Skitechnik, die jeder Anfänger unbedingt erlernen sollte, sind:

- der Schlittschuhschritt
- das Bogentreten
- das Schussfahren
- das Pflugfahren
- der Stoppschwung
- das Pflugbogenfahren
- das Seitrutschen
- der Schwung bergwärts

Neben den Grundlagen des Gleitens, Drehens und Kantens werden durch die Kernbewegungen außerdem verschiedene **Skistellungen** wie die parallele, Stemm-, Pflug- oder Scherstellung vermittelt.

Links: Fahrgeschwindigkeit und Kurvenradius bestimmen die Kurvenlage im Verlauf von Schwüngen.

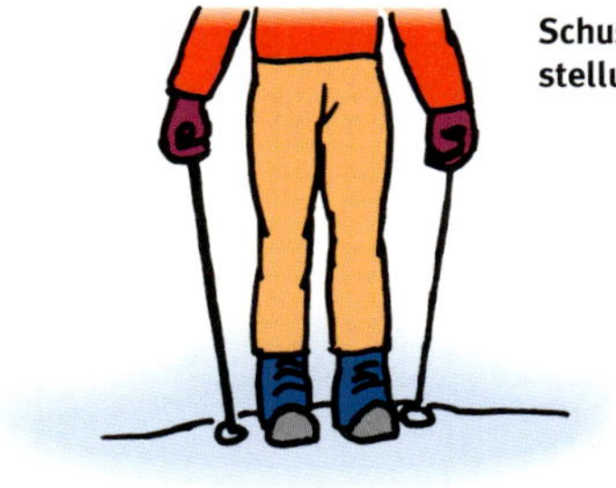

Schussfahrtstellung

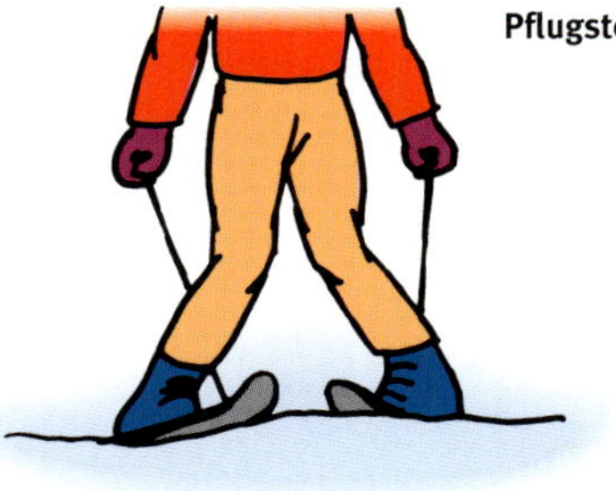

Pflugstellung

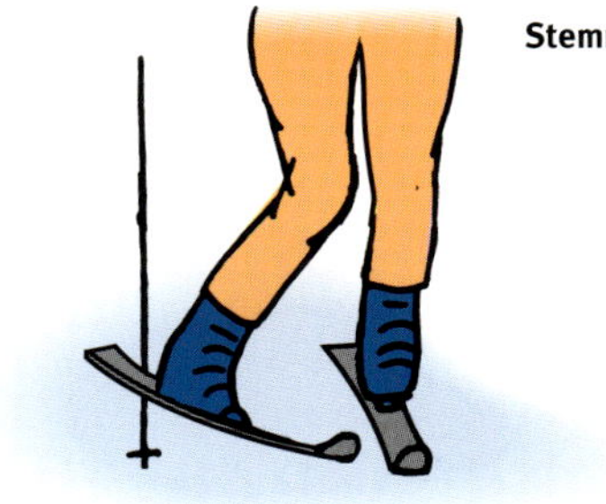

Stemmstellung

Scherstellung

Paralleles Schwingen als Kernziel der Skitechnik

Alle vorher angesprochenen Grundfertigkeiten der Skitechnik sind oftmals im Skialltag nützlich. Für die Sicherheit und Feinabstimmung aller Bewegungsabläufe auf Ski sind sie die Basis.
Aber das Kernziel jedes Skieinsteigers ist das **Parallele Schwingen**.

> Unter Schwingen verstehen wir kontinuierliche Richtungsänderungen in paralleler Skistellung, die durch Drehen und Kanten gesteuert werden.

Drehen bedeutet, dass beide Ski und der Körper in einer Kurvenbahn bewegt werden. Das Drehen kann eingeleitet werden:

- durch die Form der Ski (**schneidendes Drehen**),
- durch Einnehmen einer Kurvenlage und gleichzeitiges Drehen der Beine und des Rumpfes entsprechend der Skidrehung (**Ganzkörperdrehen**) oder
- durch ein isoliertes Drehen beider Beine unabhängig vom Oberkörper (**Beinedrehen**).

Das **Kanten** der Ski kann erreicht werden:

- durch ein Kurveneinwärts-Kippen der gebeugten Beine, bei gleichzeitiger Ausgleichsbewegung des Oberkörpers kurvenauswärts (**Kniekippen**) oder
- durch ein Kippen des gesamten Körpers in die Kurvenlage ohne Ausgleichsbewegung des Oberkörpers (**Ganzkörperkippen**).

Kniekippen

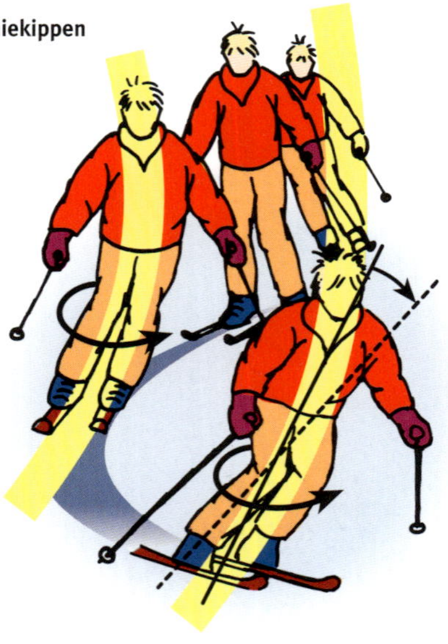

Ganzkörperkippen

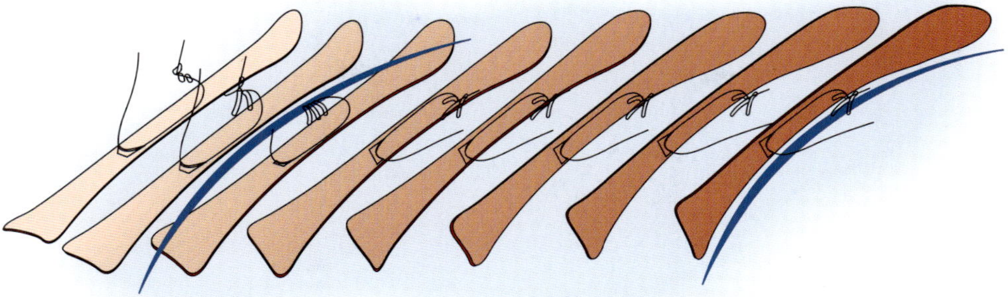

Vor der Kurve:
Seitenzug des Skis und Radius der Kurve stimmen noch nicht überein

Voll in der Kurve:
Seitenzug des Skis und Radius der Kurve stimmen überein

Kurvenfahren auf der Kante mit Hilfe der Taillierung des Skis

Die Steuerung der Schwünge kann sehr unterschiedlich gestaltet werden und ergibt auch unterschiedliche Spurbilder (siehe Seite 34):

➤ Entspricht der Kurvenverlauf exakt der Taillierung der Ski, kann ohne bremsendes Seitwärtsdriften gesteuert werden. Man spricht in diesem Fall von **geschnittenen Schwüngen, Kurvengleiten** oder auch **Carven**.

➤ Bei Schwungradien, die kleiner sind, als dies die Skitaillierung erlaubt, müssen die Ski zusätzlich durch seitliches Driften gedreht werden. Die Schwünge werden über das Kanten der Ski eingeleitet und im Driften weitergesteuert oder driftend eingeleitet und geschnitten fertiggesteuert.

➤ Bei Einsteigern häufig zu beobachten ist ein Driften im gesamten Schwungverlauf.

Neben dem Drehen und Kanten spielt beim Schwingen das Be- und Entlasten der Ski eine wichtige Rolle.

Belasten bedeutet im Skilauf, mit der Gewichtskraft des Körpers und mit äußeren Kräften auf einen oder beide Ski Druck auszuüben. Dies erreicht man durch Verlagerung des Gewichts auf ein Bein, ein langsames Tiefgehen oder auch beim Durchfahren einer Mulde.

Entlasten bedeutet im Skilauf, mit der Belastung von einem Bein auf das andere zu wechseln oder sich so schnell aufzurichten, dass am Ende der Streckbewegung infolge der Trägheitskräfte die Belastung der Ski verringert wird.

Hebt man mit den Ski gar ab vom Schnee, kommt es zu einer vollkommenen Entlastung. Denselben Effekt erzielen wir auch durch eine Geländekante oder einen Buckel, den wir überfahren.

Eine besondere Rolle spielt beim Schwingen der **Belastungswechsel** von Außenbein zu Außenbein.

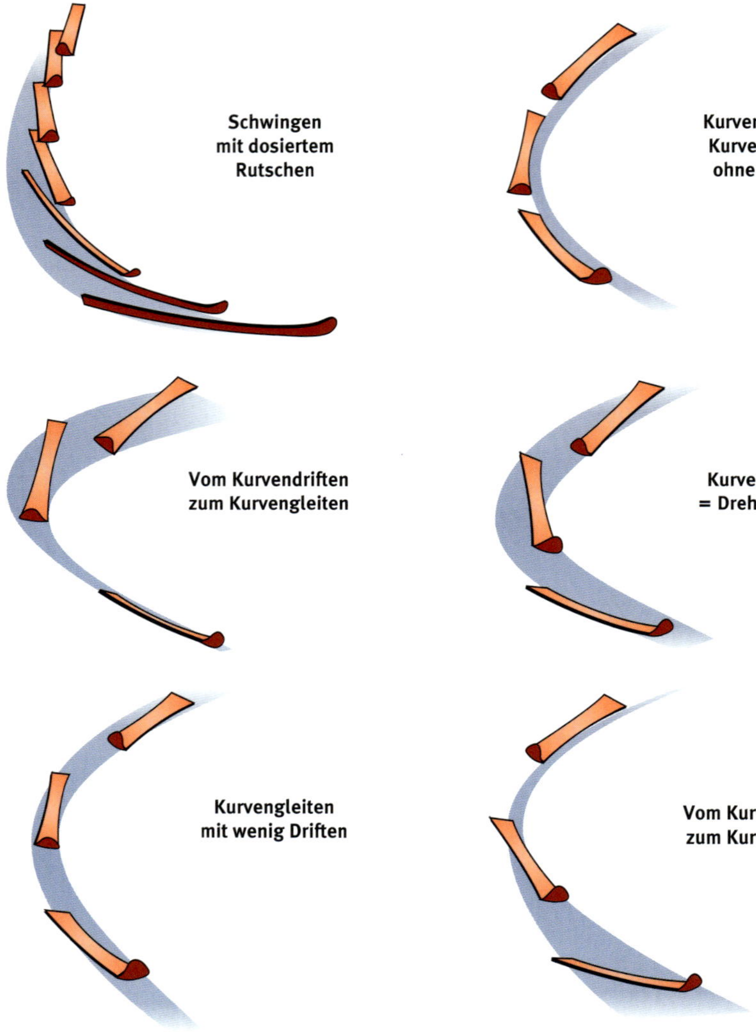

Verschiedene Spurbilder beim Kurvenfahren

Be- und Entlastung der Ski erfolgt durch Beuge- und Streckbewegungen des Rumpfes und der Beine, durch Verlagern des Körpergewichts auf ein Bein oder durch Geländeformen.

Schwungphasen

Um die Bewegungsabläufe von Schwüngen oder Kurven und die Veränderungen im Verlauf besser verstehen zu können ist es hilfreich, den Bewegungsablauf in verschiedene Phasen einzuteilen.

Eine Dreiteilung in
1. Schwungeinleitung
2. Schwungsteuerung und
3. Schwungbeendigung

ist zwar üblich, aber für die meist zyklischen Bewegungsfolgen im Skilauf erscheint es sinnvoller von einer Steuerphase und einer Schwungwechselphase zu sprechen.

In der **Steuerphase** müssen die Ski gedreht und gekantet sowie die Kurvenlage reguliert werden.
In der Schwungwechselphase erfolgt der Belastungswechsel auf den neuen Außenski, die Ski müssen umgekantet, und die neue Kurvenlage muss eingenommen werden.

Als **Schwungradius** verstehen wir den Radius des durch die Schwungkurve festgelegten Kreises.

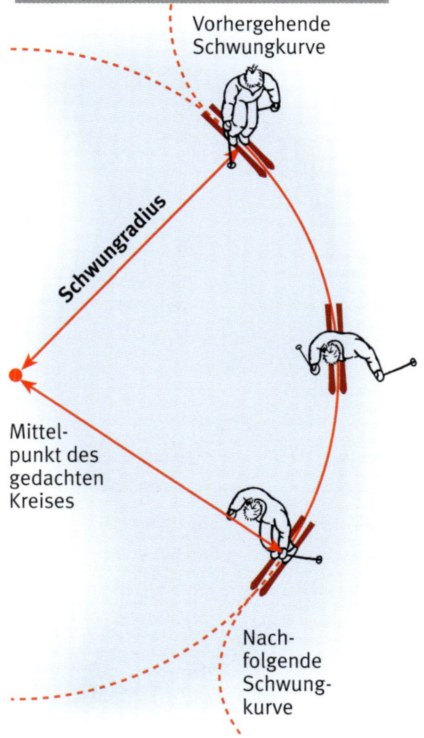

Unter dem **Schwungwinkel** verstehen wir den Winkel, der durch die Fahrtrichtung am Schwunganfang und die Fahrtrichtung am Schwungende bestimmt ist.

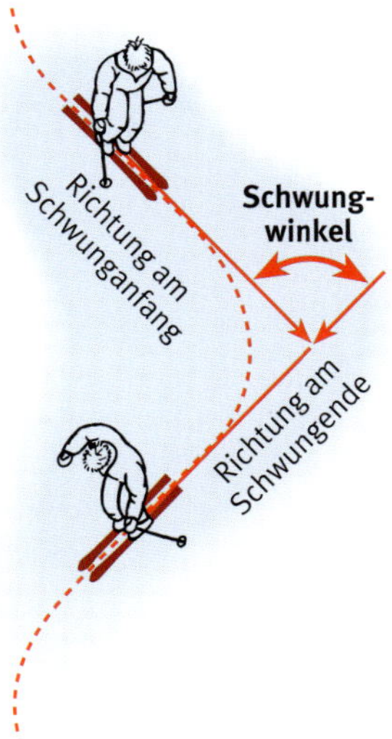

Subjektive – innere Faktoren

Material	Alter/ Geschlecht	Kondition Motivation	Bewegungs- typ
geeignet gut mangelhaft	Frau Mann Kind Senior	sehr gut ausreichend schlecht	sportlich unsportlich rhythmisch ruhig

Gelände	Schnee	Fahrtempo	Umwelt
flach – steil plan – gegliedert	glatt – griffig eisig – Tiefschnee	langsam mittel schnell	Skigebiet Wetter usw. und Jahreszeit

Objektive – äußere Faktoren

Varianten des Parallelen Schwingens

Das Parallele Schwingen in seiner Grundform stellt ein Grundmuster der heutigen Skitechnik dar, das durch gezielte Veränderungen nahezu allen skitypischen Situationen gerecht werden kann.

Alle **Varianten** des parallelen Schwingens beziehen sich im Wesentlichen auf:

- Veränderungen des Schwungradius und des Schwungwinkels
- Tempoveränderungen durch schneidendes Fahren
- Veränderungen des Geländes (steil, flach, bucklig)
- Veränderungen der Schneeart (hart, weich, tief)
- individuelle Persönlichkeitsmerkmale (Psyche, Emotionen, Kondition, Koordination)
- veränderte Umweltbedingungen (Sicht, Temperatur, Pistenfrequentierung)

Was sind nun die Antworten auf die anfangs gestellten Fragen nach der besten Skitechnik?

Zwei Kernsätze:

> Skitechnik ist ein sich permanent an die Situation anpassendes Verändern skitypischer Bewegungen.
>
> Die Fähigkeit, sich auf Veränderungen schnell, optimal und ökonomisch einzustellen, kennzeichnet den guten Skiläufer.

Anpassung an das Gelände heißt: Improvisieren der Grundtechnik

Geländeeignung	**Geländeformen**
flach – mittelsteil – steil	Kante – Knick – Buckel – Welle
eben – uneben – bucklig	Mulde – Rücken – Graben – Gegenhang

Anpassung an die Schneebeschaffenheit heißt: Modifizieren der Grundtechnik

Schneebeschaffenheit	**Schneewiderstand**
harte – griffige Piste – Tiefschnee	wenig Schnee – viel Schnee
Neuschnee – Altschnee – Pulverschnee	eingefahrene Piste – abgefahrene Piste
Firnschnee – Pappschnee – Harsch	gewalzte Piste – ungewalzte Piste
Faul-/Sulzschnee – Packschnee	

Anpassung an Situationen heißt: Variieren der Grundtechnik

Umwelt	**Fahrtempo**
Pistenverkehr	kontrolliert – unkontrolliert
Engstellen – Hindernisse	defensiv – offensiv
Geländegefahren – schlechte Sicht	kurze Schwünge – lange Schwünge
Nebel – Schneefall	gute – schlechte Kondition
	freies Gelände – Waldabfahrt
	Piste – Tiefschnee

Erlernen der Skitechnik

Das Erlernen der Skitechnik, von den Kernelementen bis zu den an die jeweilige Situation angepassten Varianten ist trotz neuer Carving-Technologie ein schwer durchschaubarer und individuell unterschiedlich verlaufender Prozess mit teils sprunghaften Fortschritten und manchmal frustrierender Stagnation.
Zwei modellhafte Vorstellungen, wie man sich Lernen im Skilauf vorstellen kann, sollen hier vereinfacht dargestellt werden.

Zum Lernmodell 1:
Auf der Grundlage von entsprechenden konditionellen und koordinativen Voraussetzungen – im geeigneten Gelände – und der richtigen Ausrüstung, müssen wir uns durch Sehen, Hören oder auch Fühlen zunächst eine Bewegungsvorstellung aneignen.
Diese wird nun durch erste Versuche in Bewegung umgesetzt und durch wiederholtes Üben verbessert. Sind die Bewegungen in ihren wichtigsten Bausteinen erworben, werden sie in einer zweiten Stufe im optimalen Gelände erprobt, weiterentwickelt und im Ablauf gefestigt. Diese weitgehend stabilen Bewegungsabläufe können nun in einer dritten Stufe in unterschiedlichen Schnee- und Geländesituationen gezielt ergänzt und verändert werden.

Lernmodell 1

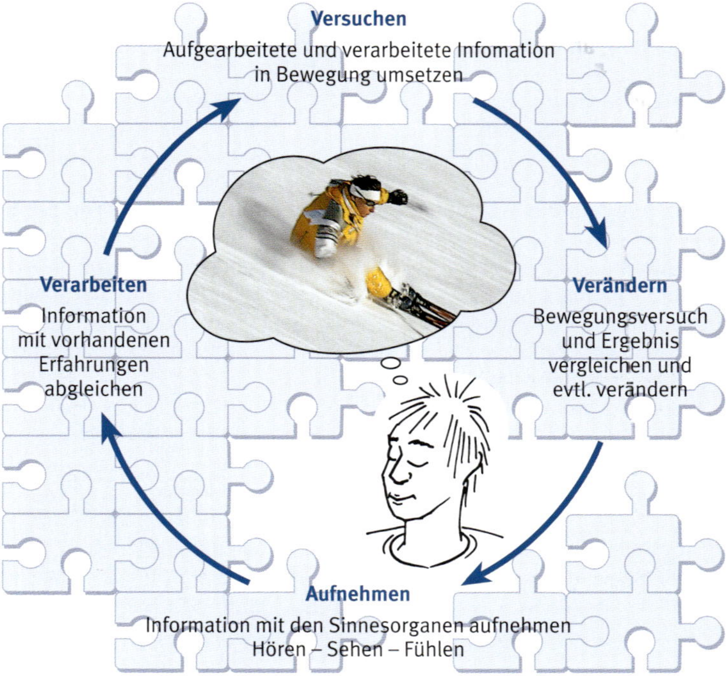

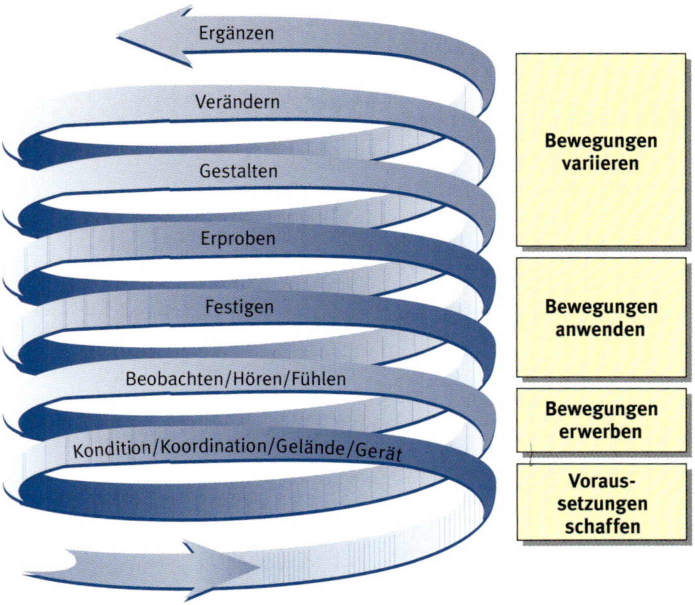

Lernmodell 2

Zum Lernmodell 2:
Dieses Lernmodell beruht auf der Erkenntnis, dass wir mit den körpereigenen Sinnesorganen (Auge, Ohr, Tastsinn, Muskelsinn, Gleichgewichtssinn) Informationen aufnehmen, die der für die menschliche Motorik verantwortliche Bereich des Gehirns verarbeitet und mit bereits vorhandenen Erfahrungen vergleicht. Vom Gehirn aus gehen Nervensignale an die Muskulatur, um die verarbeiteten Informationen in Bewegungen umzusetzen. Das Ergebnis dieser Versuche wird mit den vorhandenen Bewegungsvorstellungen verglichen und durch neue Informationen ergänzt oder verändert. Der Kreislauf des Lernens beginnt erneut.

Wichtige Folgerungen für die Praxis

➤ Schaffen Sie gute konditionelle und koordinative Grundlagen.

➤ Wählen Sie das geeignete Lerngelände und die richtige Ausrüstung.

➤ Informieren Sie sich über Bewegungsabläufe durch Beobachten, Hören oder Lesen.

➤ Nutzen Sie alle Sinne beim Bewegungslernen, auch das Druckempfinden (Tastsinn) z. B. an den Fußsohlen und die gefühlte Spannung der Muskulatur (Muskelsinn) z. B. im Rumpf.

➤ Nur die Anwendung und das wiederholte Üben ermöglichen eine Festigung von Bewegungsabläufen.

➤ Nur bewusste und gezielte Änderungen von Bewegungsabläufen perfektionieren schließlich die situationsangepasste Variation der Skitechnik.

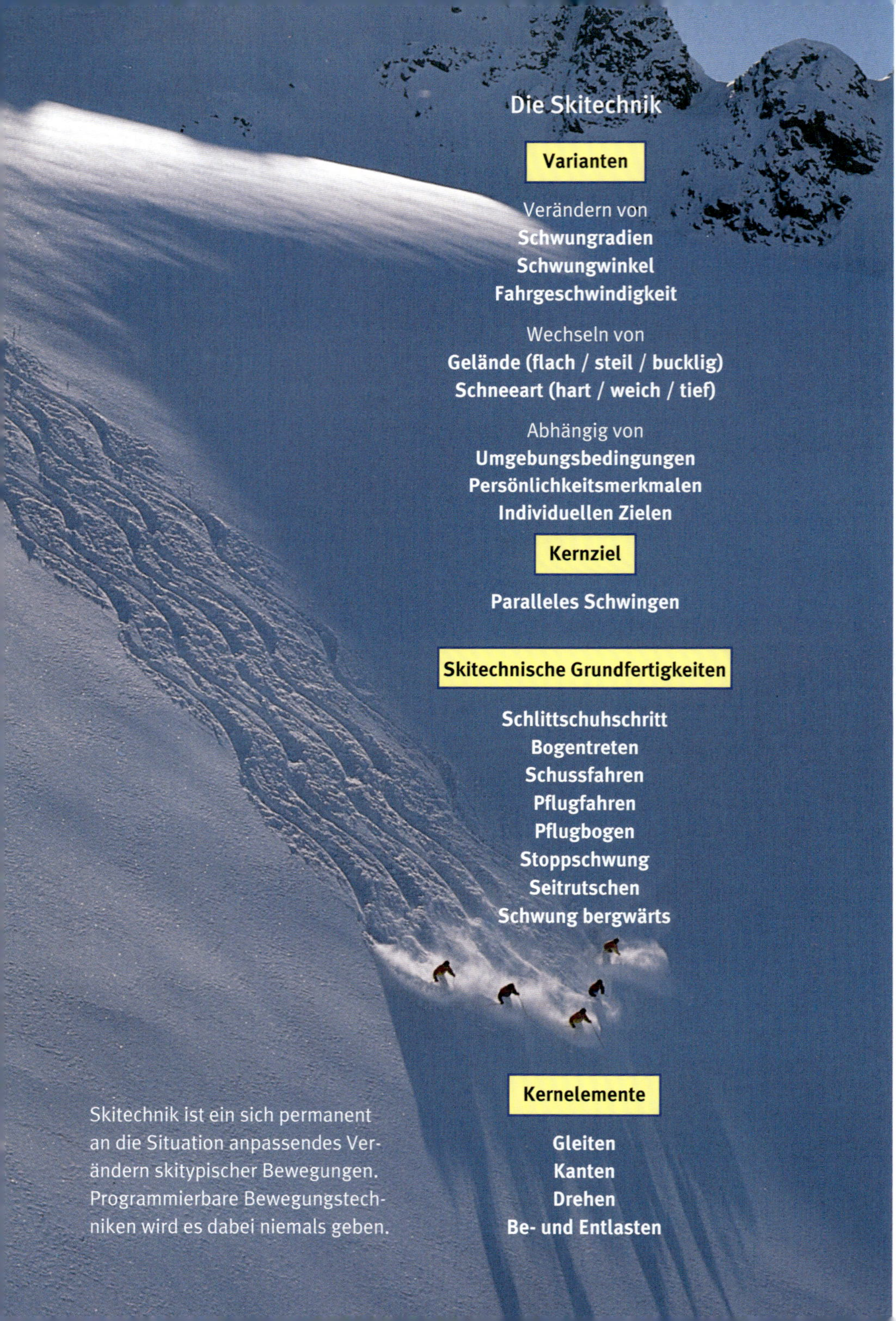

Die Skitechnik

Varianten

Verändern von
Schwungradien
Schwungwinkel
Fahrgeschwindigkeit

Wechseln von
Gelände (flach / steil / bucklig)
Schneeart (hart / weich / tief)

Abhängig von
Umgebungsbedingungen
Persönlichkeitsmerkmalen
Individuellen Zielen

Kernziel

Paralleles Schwingen

Skitechnische Grundfertigkeiten

Schlittschuhschritt
Bogentreten
Schussfahren
Pflugfahren
Pflugbogen
Stoppschwung
Seitrutschen
Schwung bergwärts

Kernelemente

Gleiten
Kanten
Drehen
Be- und Entlasten

Skitechnik ist ein sich permanent an die Situation anpassendes Verändern skitypischer Bewegungen. Programmierbare Bewegungstechniken wird es dabei niemals geben.

Varianten der Skitechnik

Kurvengleiten – erstes Carven

In mittelsteilem Gelände

Kurzschwingen

Race-Carven

Fun-Carven

In steilem Gelände

Kurzschwingen mit starker Bremswirkung

Basistechnik
für das Tiefschneefahren

In der Buckelpiste

Ausgleichstechnik

Auf harten (eisigen) Pisten

Kurzschwingen mit
starkem Kantengriff

Carving – Grundschule

»Du musst seitlich rutschen können, du musst die Kanten einsetzen können, du musst die Hoch-Tief-Entlastung können. Du musst die Grundausbildung des Skilaufs beherrschen, sonst kannst du nicht einmal bremsen.« Kein Geringerer als das Ski-Idol Toni Sailer, der in seinem Heimatland Österreich zum Sportler des Jahrhunderts gewählt wurde, hat kürzlich diese Aussage gemacht (Skimagazin, Februar 2000). Nach seiner Meinung reicht es also nicht, nur Carven zu lernen, um dann zu glauben, dass man Skifahren kann. Dieser Meinung kann man sich nur anschließen.
Allerdings lässt sich mit dem Carverski heute die Grundausbildung wesentlich schneller absolvieren. In der Grundschule sollen die elementaren Kernelemente wie Gleiten, Kanten, Drehen, Belasten und Entlasten sowie weitere, der Sicherheit des Skianfängers dienende Grundlagen der Skitechnik erlernt werden wie z. B. Bremsen – Anhalten und verschiedene Skistellungen.
Schon am ersten Skitag werden immer wieder vorkommende skitechnische Bausteine, die sich im Verlauf des weiteren Lernprozesses wie ein Puzzle zusammenfügen lassen, geübt. Zusammen mit grundlegenden Schnee- und Geländeerfahrungen ergibt sich so eine Vielzahl von elementaren Bewegungsformen. Das Kernziel der Skitechnik für den Einsteiger – und der Wunschtraum zugleich – ist das parallele Schwingen. Erst mit dieser Basistechnik erschließt sich ihm die ganze Faszination des Skilaufs.

Die **Kernbewegungen** sind:
➤ Schlittschuhschritt
➤ Bogentreten
➤ Schussfahren
➤ Schrägfahren
➤ Pflugfahren
(Bremspflug – Gleitpflug)
➤ Pflugbogen
➤ Stoppschwung
➤ Seitrutschen
➤ Schwung bergwärts.

Die jeweilige Technik, die wichtigsten Bewegungsaufgaben und Übungsformen sowie Tipps für die Geländepraxis werden auf den folgenden Seiten (S. 44 bis S. 56) in einer kurzen Übersicht vorgestellt.

Die ersten Schritte für Einsteiger

Was Sie unbedingt können müssen, bevor sie am Übungshang beginnen:
➤ Vom Gehen/Laufen → zum Gleitschritt → sowie Doppelstockschub
➤ Wenden → Umtreten um die Spitzen und Umtreten um die Enden
➤ Aufsteigen → Treppenschritt, Halbtreppenschritt, Grätenschritt).

Wichtige skispezifische Begriffe

In Bewegungsbeschreibungen und kurzen Bewegungsstenogrammen zur Skitechnik werden eine Reihe von Begriffen verwendet, die dem »Normalskifahrer« fremd sind und deshalb erklärt werden müssen:

Talseitig – bergseitig: Lage der Ski oder von Körperteilen (z. B. eines Arms) vom Gelände her betrachtet.

Außenski – Innenski: Position der Ski vom Mittelpunkt der gewünschten Kurve her betrachtet.

Kurveneinwärts – kurvenauswärts: Bewegung von Körperteilen (z. B. des Oberkörpers) vom Kurvenverlauf aus betrachtet.

Vor-talwärts: Bewegung (z. B. Streckung des Körpers) leicht vorwärts und hangabwärts.

Falllinie: Der direkte steilste Weg talwärts.

Das Parallele Schwingen ist das Ziel der Carving-Grundschule.

Gehen

Technik und Ausführung

Nach dem Anschnallen können wir uns durch normales Gehen am schnellsten an die zunächst hinderlichen Ski gewöhnen. Man kann dadurch zusätzlich die ersten Gleiterfahrungen sammeln, die erste Form des Belastungswechsels und die Stützfunktion der Skistöcke kennen lernen. Mit Hilfe der richtigen Lauftechnik kann man sich in der Ebene zügig und relativ schnell auf Ski vorwärts bewegen. Beim Gehen versucht man, am Anfang die Ski in etwa hüftbreiter Spur abwechselnd nach vorne zu schieben, ohne dass sie irgendwie vom Schnee abgehoben werden. Der Bewegungsrhythmus entspricht dem natürlichen Gehen, das heißt, das Gewicht des Körpers wechselt von einem Ski auf den anderen. Die Arme und Stöcke werden gegengleich zur Bewegung der Beine vorgeschwungen.

Aufgaben und Übungsformen

Gelände und Schnee:
Zuerst ebenes, später abwechslungsreiches Gelände, führiger Schnee.

➤ Die ersten Schritte auf Ski macht man am besten in einer guten und geraden Spur (Gehen mit Stöcken und ohne).

➤ Kleine Wanderungen (evtl. vom Parkplatz zum Skigelände) bieten die beste Gelegenheit zum Einlaufen.

➤ Diagonalschritt: Aus dem Gehen versucht man, durch allmähliche Verstärkung des Abstoßes zu einem längeren Gleiten zu kommen. Das ausgeprägte Beugen und Strecken der Beine und das harmonische Zusammenspiel von Bein- und Armbewegungen aus einem flüssigen Bewegungsrhythmus entwickeln.

➤ Gehen im Diagonalschritt mit Stöcken und ohne, immer schwungvolle gegengleiche Armbewegungen machen, in der Ebene und in welligem Gelände.

Doppelstockschub

Technik und Ausführung

Geht man in leicht fallendem Gelände oder bei schnellerem Schnee in der Ebene, kann man zusätzlich noch den Doppelstockschub zur Beschleunigung anwenden. Dazu werden die beiden Stöcke gleichzeitig nach vorne geschwungen und vor den Füßen im Schnee eingesetzt. Dann wird zuerst der Körper an die Stöcke herangezogen (Zugphase), gleichzeitig beugt sich der Körper. Befinden sich die Skistöcke in der Höhe der Hüfte, erfolgt ein kräftiger und explosiver Druck der Arme nach hinten (Druckphase). Danach richtet sich der Körper wieder auf.

Aufgaben und Übungsformen

Erst ebenes, später abwechslungsreiches Gelände, führiger Schnee.

➤ Zunächst versucht man den Doppelstockschub in leicht fallendem Gelände aus dem parallelen Gleiten heraus.

➤ Gehen mit kräftigem Stockeinsatz im leichten Anstieg.

Umtreten

Technik und Ausführung

In der Ebene erfolgt die erste Richtungsänderung im Stand durch Umtreten. Dabei werden entweder die Skispitzen oder die Skienden ausgewinkelt, der jeweils andere Ski wird Schritt für Schritt nachgesetzt. Die Skistöcke dienen als Stütze.

Aufgaben und Übungsformen

➤ Zuerst im Stand einen Ski abheben und in der Luft abwechselnd nach links und rechts drehen.

➤ Aus dem Stand seitwärts treten.

➤ Umtreten um die Skienden im Kreis.

➤ Umtreten um die Skispitzen im Kreis.

➤ Sterntreten im Tiefschnee.

➤ Gehschritte in Verbindung mit Umtreten.

Aufsteigen

Technik und Ausführung

In leicht ansteigendem Gelände wendet man am besten den Grätenschritt an. Dazu muss man die Ski vorne öffnen – je steiler der Hang, desto größer der Winkel. Die Ski werden dann beim Aufsteigen abwechselnd kräftig mit den Innenkanten in den Schnee gedrückt, jeweils ein Skiende wird über das andere gehoben, Belastungswechsel und wechselseitige Stockstütze erleichtern die Bewegung. Im steileren Gelände ist im Kraft sparenden Treppen- bzw. Halbtreppenschritt aufzusteigen. Die Bewegung des Treppenschritts entspricht genau dem üblichen Treppensteigen, nur seitwärts ausgeführt.

Aufgaben und Übungsformen

- Die einfachste Form des Aufsteigens ist der so genannte Stampfschritt. Dieser braucht aber nicht besonders trainiert zu werden.
- Im leicht steigenden Gelände: Anwendung des Grätenschritts.
- Im steileren Gelände: Halbtreppenschritt.
- Im steilen Gelände: Treppenschritt.
- Die Aufstiegsarten übt man am besten auf dem Weg zur ersten kleinen Abfahrt.
- Auch den Übergang vom Grätenschritt zum Treppenschritt üben, zuerst in der Ebene, dann im Anstieg.

Treppenschritt

Halbtreppenschritt

Grätenschritt

Elementare Bewegungserfahrungen und Erlernen der Kernbewegungen

Um ein gewisses Basiskönnen zu entwickeln, müssen die Kernelemente Gleiten, Be- und Entlasten, Kanten und Drehen mittels elementarer Bewegungserfahrungen geschult werden. Die verschiedenen Aufgaben verbessern zudem das Gleichgewichtsvermögen und die Körperkontrolle. Im Laufe des Lernprozesses werden nicht nur die wichtigsten Kernbewegungen erfahren, sondern auch neue Bewegungsgefühle wahrgenommen.

Dazu zählen:
- das Schneegefühl
- das Gleitgefühl
- das Skigefühl
- das Kantengefühl
- das Körpergefühl
- das Geschwindigkeitsgefühl
- das Kurvengefühl
- das Geländegefühl.

Schlittschuhschritt

Technik:
Der Schlittschuhschritt zählt zu den Basistechniken, die man auf jeder Könnensstufe des Skifahrens braucht. Aus dem beugenden Belasten eines Skis Anheben und Ausscheren des anderen Skis. Mit kräftigem Abstoß vom Standbein (in Richtung des ausgescherten Ski) auf den ausgescherten Ski umsteigen und den Abstoßski beisetzen usw. Beidseitiger Stockeinsatz kann den Abstoß unterstützen.

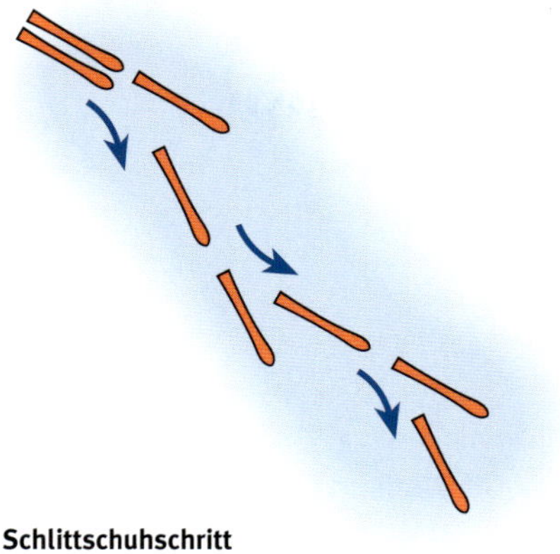

Schlittschuhschritt

Übungsformen:
- Standübung: Ski parallel-offen, abwechselnde Gewichtsverlagerung von einem Ski auf den anderen Ski. Dabei jeweils den entlasteten Ski anheben.
- In leicht fallendem Gelände leichtes Ausscheren der Ski mit wechselnder Belastung.
- Mehrere Schlittschuhschritte in der Ebene (oder in leicht abfallendem Gelände) mit kurzen Gleitphasen versuchen.

Bogentreten bergwärts

Technik:
Auch das Bogentreten zählt zu den Basistechniken im Skifahren. Es verbindet Steigen und Gleiten und ist bei schwierigem Schnee häufig die letzte Rettung, über die Falllinie oder zum Anhalten zu kommen.
Die Grundtechnik wurde bereits beim Umtreten um das Skiende geübt: abwechselndes Anheben und Ausscheren eines Skis bei gleichzeitigem Abstoß vom anderen. Der Abstoßski wird nach dem Belastungswechsel schwunghaft beigesetzt usw.

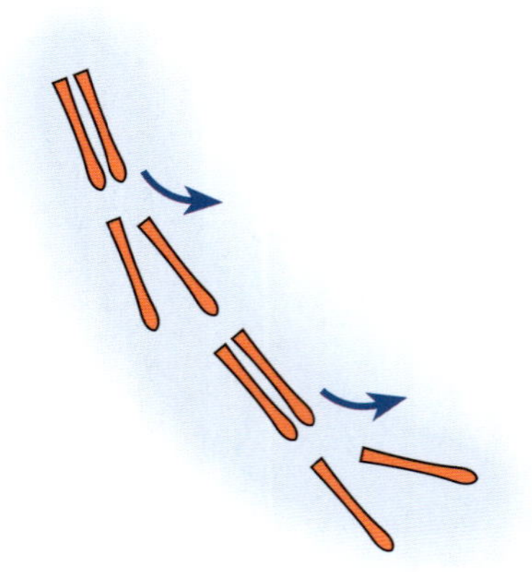

Bogentreten aus der Schrägfahrt

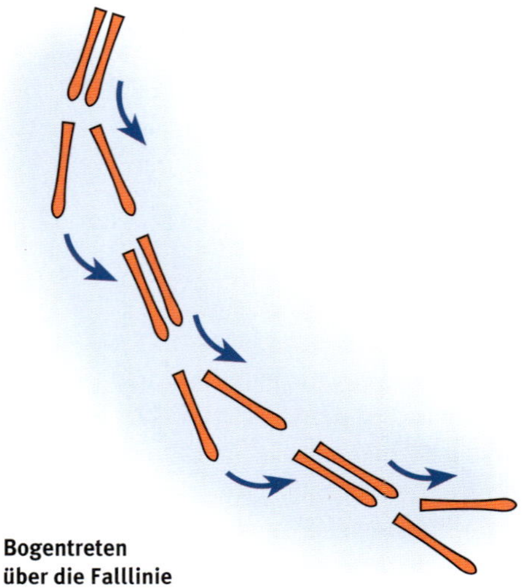

Bogentreten über die Falllinie

Übungsformen:

➤ Schussfahren und Spurwechseln durch Schritte seitwärts.

➤ Am leicht geneigten Hang Schussfahren und Spurwechseln mit zunehmendem Aufscheren im Auslauf, dabei Bogentreten bis zum Anhalten.

Tipps:

➤ Das Bogentreten bergwärts in Kombination mit Schussfahren und aus dem Schrägfahren sollte immer wieder geübt werden, weil es eine sehr gute Kantenschule darstellt.

➤ Das Erlernen des schrittartigen Belastungswechsels in Verbindung mit Gleiten gehört zu den Kernbewegungen eines jeden Skifahrers.

➤ Das Bogentreten über die Falllinie (entspricht dem Umtreten um die Skispitzen) sollte erst am Ende der Carving-Grundschule versucht werden.

Schussfahren

Technik:

Beim Schussfahren kann der Skianfänger erste Gleiterfahrungen im Abfahren in der Falllinie sammeln. Die Schussfahrtstellung, die man bei der Fahrt in der Falllinie einnimmt, ist eigentlich die Grundposition des Skiläufers. Diese Körperstellung darf keine »Haltung« sein. Beide Ski liegen – gleichmäßig belastet – flach auf dem Schnee (Neutrallage). Die Skistellung soll offen sein. Bei Frauen kann aus anatomischen Gründen eine X-Beinstellung ganz natürlich sein. Fuß-, Knie- und Hüftgelenke werden leicht gebeugt, so weit, dass man Geländeunebenheiten sowohl durch Beugen als auch durch Strecken ausgleichen kann. Die Körperlage soll sich immer der Neigung des Geländes anpassen. Wird das Gelände steiler, ist es erforderlich, den Körper ein wenig nach vorne zu bewegen; wird es flacher, muss

Von links: Hohe, mittlere und tiefe Körperstellung beim Schussfahren

der Körper angepasst nach rückwärts bewegt werden, um die neutrale Körperlage beizubehalten.
Die Stöcke werden mit den Stockspitzen nach hinten getragen, und zwar so weit seitlich vom Körper, dass sie auch bei höherem Tempo zur besseren Balance beim Fahren beitragen können.

Übungsformen:

- Standübungen: lockeres Beugen und Strecken in der Schussfahrtstellung.
- Abfahren am flachen Hang mit und ohne Stöcke.
- Abfahren mit federndem Beugen und Strecken der Beine.
- Abfahren mit Wechsel von Vor- und Rücklage.
- Abfahren in der Abfahrtshocke.
- Abfahren auf einem Ski: ein Skiende vom Schnee abheben, Skispitze bleibt am Boden.
- Abfahren und seitlich aus der Spur treten, nach links und rechts.
- Später: abfahren in steilerem Gelände, auch in Eiformstellung.

Voraussetzung für schnelle Schussfahrten ist eine gewisse Sicherheit auf Ski. Man sollte sie deshalb erst nach den ersten Bremsversuchen riskieren.

Tipps:

- Die Ski sollen völlig flach, gleichmäßig belastet gleiten.
- Bewegungsbereite Fahrstellung.
- Der Kopf schaut in Fahrtrichtung.
- Geländeunebenheiten werden durch aktives Beugen und Strecken der Beine ausgeglichen. Dazu benötigt man ein gut federndes »Fahrgestell« und eine bewegungsbereite Abfahrtstellung.

➤ Quer zur Falllinie stehend kommt man durch Umtreten bergwärts um die Skispitzen bei gleichzeitigem Abstützen talwärts mit beiden Stöcken in die richtige Ausgangsstellung zur Schussfahrt.

Kennenlernen von verschiedenen Gelände- und Schneeverhältnissen

Jeder Skifahrer muss im Laufe seiner Skipraxis lernen, wechselnde Geländeformen genau zu beobachten, verschiedene Schneeverhältnisse zu analysieren und sich auf die veränderten Gegebenheiten einzustellen. Für den Anfänger ist der Bezug zum Gelände, das Erkennen der verschiedenen Geländeformen sehr wichtig. Sobald er den Übungshang verlässt, herrschen andere Verhältnisse. Das richtige Verhalten in wechselnden Situationen auf einer Skiabfahrt im Gelände kann man zwar erlernen, doch es braucht Zeit, Erfahrung und Training. Deshalb sollte man sich schon in einem frühen Lernstadium mit den wichtigsten Geländeformen vertraut machen.

Schussfahren über Bodenformen

Das Befahren von verschiedenen typischen Geländeformen bedingt ganz besondere Anpassungsbewegungen.

➤ Kante: aufrechte Anfahrt – vor-tiefgehen – aufrichten.

➤ Knick: aufrechte Anfahrt – Schrittstellung und leichte Rückbewegung.

➤ Buckel und Mulde: aufrechte Anfahrt – Buckel durch Beugen abfedern – aufrichten.

Tipps:

➤ Am Boden bleiben ist die Devise bei ausgeprägten Geländeformen. Die Ski sollen möglichst immer Bodenkontakt behalten, während die Beine und der Körper ausgleichen.

➤ Größere Buckel können nur dann gut ausgeglichen werden, wenn das Beugen und Strecken der Beine vor dem Körper erfolgt. Dadurch hat man mehr Federweg (Stoßdämpfereffekt). Die Ausgleichsbewegung der Beine richtet sich aber ganz nach dem Gelände.

Buckel und Mulde: Ausgleichsbewegung entsprechend dem Gelände

- Nach vorne bewegen bei beschleunigter Fahrt: Tiefschnee – Piste.
- Nach rückwärts bewegen bei verzögerter Fahrt: z. B. Übergang Piste – Tiefschnee.

Jeder Skitag ist anders. Geländestruktur und Schneebeschaffenheit ändern sich laufend; darum ist dieser Bereich immer wieder zu üben, um eine entsprechende Fahrsicherheit zu erwerben.

Pflugfahren

Technik:
Pflugfahren ist Abfahren in Winkelstellung der Ski und schafft die Voraussetzung für das Pflugbogenfahren. Pflugfahren ist auch eine wertvolle Bremshilfe. In der normalen Pflugstellung (mittlere Position) sind beide Skienden ausgewinkelt, die Skispitzen etwa eine Handbreit auseinander und beide Ski gleichmäßig belastet. Es ist ratsam, die Winkelstellung nicht zu weit zu machen, dafür drückt man besser die Knie vorwärts-einwärts in eine leichte X-Beinstellung. Dadurch werden die Ski nach innen gekantet. Der Oberkörper nimmt eine ungezwungene Stellung ein. Die Stöcke werden seitlich getragen, die Stockspitzen zeigen nach hinten.

Übungsformen:
- Standübung: Einnehmen der Pflugstellung.
- Im Stand Übung des Wechsels zwischen Pflug- und Schussfahrtstellung durch rhythmisches Springen.
- Abfahren in Pflugstellung.

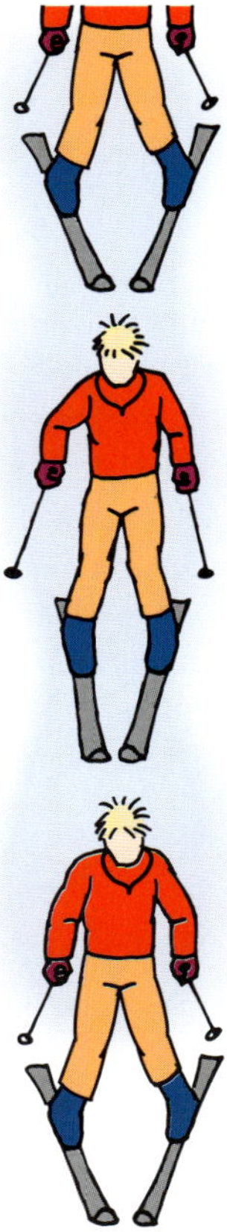

Wechsel zwischen Bremspflug und Gleitpflug

- Abfahren in Pflugstellung mit verschiedener Winkelstellung gleitend-eng – Gleitpflug bremsend-weit – Bremspflug.

Tipps:
- Auf keinen Fall darf die Pflugstellung eine starre Haltung oder gar eine Zwangsstellung sein.
- Lockere, zwanglose Pflugstellung. Keine zu große Winkelstellung der Ski (Knie vorwärts-einwärts drücken).
- Neutrale Körperlage, ganze Fußsohle belasten.

Schrägfahren

Technik:
Unter Schrägfahren versteht man das Queren eines Hanges. Mit Hilfe des Schrägfahrens können auch Richtungsänderungen verbunden werden. Dabei nimmt man eine Schrägfahrtstellung ein, die sich auf der Grundposition aufbaut. Zum Schrägfahren müssen die Bergkanten der Ski verstärkt eingesetzt werden, um nicht seitlich abzurutschen. Die Ski sind parallel offen, die Knie werden zum Aufkanten vorwärts-bergwärts gedrückt. Der Oberkörper führt eine Ausgleichsbewegung hangabwärts aus. Die Stöcke werden wie beim Schussfahren getragen.

Übungsformen:
➤ Standübung: Wechsel zwischen Schussfahrt- und Schrägfahrtstellung im leicht geneigten Gelände.
➤ Schrägfahrt nach links – rechts.
➤ Schrägfahren in unterschiedlichem Gelände.
➤ Zur Korrektur: Schrägfahren mit mehrmaligem Abheben des Bergskiendes.

Tipps:
➤ Die Schrägfahrtstellung hat sich nach der Neigung des Hanges zu richten: Je steiler und glatter der Hang, desto stärker müssen die Ski gekantet werden. Je steiler der Hang, desto mehr muss der Talski belastet und der Oberkörper vor-talwärts gebeugt werden.

Bremsen und Anhalten aus der Schussfahrt: Pflugfahren

Technik:
Die erste und einfachste Bremstechnik ist hier der Pflug. Anfahren in Schussfahrtstellung, die Knie leicht gebeugt, dann tiefgehen; beim Tiefgehen (Entlastung) werden die Skienden nach außen geschoben, während gleichzeitig die Knie vorwärts-einwärts gedrückt werden. Aus der Pflugstellung werden die Ski wieder geschlossen, indem man sich etwas aufrichtet. Dadurch löst sich automatisch der Kantengriff, man kann so allmählich die Ski zusammenlaufen lassen. Das Fahrtempo dosieren und Bremsen lernen gehören zu den elementaren Erfahrungen im Skikurs. Sehr häufig kommt es vor, dass man einem Hindernis ausweichen oder rechtzeitig anhalten muss, um aus Gründen der Sicherheit einer Gefahrensituation zu begegnen.

Übungsformen:
➤ Zuerst Übung im Stand: Wechsel zwischen Pflug- und Schussfahrtstellung durch Springen.
➤ Anfahrt in der Schussfahrt (offene Skistellung), durch ein verstärktes Tiefgehen die Skienden zur Pflugstellung auseinanderschieben, dann Gleitpflug.

Bremspflug: verstärkter Kanteneinsatz

➤ Wie vorher, jedoch aus der Pflugstellung die Ski wieder zur Schussfahrtstellung durch leichtes Aufrichten zusammenlaufen lassen.
➤ Wechsel zwischen kleinerer und größerer Pflugstellung, das heißt gleitendes und bremsendes Pflügen im Wechsel.
➤ Aus dem Schussfahren versuchen, an einer bestimmten Markierung durch Pflug zum Halten zu kommen.

Bremsen und Anhalten aus dem Schrägfahren: Seitrutschen

Technik:
Hier bestehen verschiedene Möglichkeiten zum Bremsen und Anhalten. Vom ungewollten seitlichen Absitzen des Anfängers bis zum perfekt dosierten Abschwingen des Könners gibt es ein vielseitige Repertoire. Eine häufig praktizierte Bremstechnik (auch bei Rennläufern zu beobachten) ist die Talstemme. Darunter versteht man ein mehr oder weniger betontes Ausstemmen mit dem Talski, aus offener Skistellung. Die gebräuchlichste Form ist das Seitrutschen, das vor allem im steilen Gelände angewandt wird.
Seitrutschen wird am besten an einer Geländekante oder auf einem Buckel durch Beugen der Beine aus der Schrägfahrt ausgelöst. Beim schnellen Tiefgehen (Entlastung) werden dann die Ski talwärts aus der Richtung geschoben. Die Steuerung erfolgt durch ein dosiertes Aufkanten der Ski.

Übungsformen:
➤ Aus dem Stand durch Stockschieben seitlich abrutschen.
➤ Aus der Schrägfahrt an einer Geländekante Seitrutschen durch kräftige Tiefbewegung auslösen. Mehrmaliges Seitrutschen nach beiden Seiten üben.
➤ Schrägfahren, Auslösen des Seitrutschens im steilen Gelände durch Knieführung vom Hang.
➤ Wechsel von Flachstellen (Rutschen) und Aufkanten (Schrägfahren) der Ski.
➤ Schrägfahren, Seitrutschen, durch Rücklage Rückwärtsrutschen, durch Vorlage Vorwärtsrutschen.
➤ Aus dem Schrägfahren durch Aufkanten zum Halten kommen.

LEKI
FISCHER

Schrägfahren – Schwung bergwärts

Technik:
Von der Bewegung her entwickelt sich der Schwung bergwärts aus dem gesteuerten Seitrutschen. Mit Hilfe des Schwunges bergwärts kann man aus dem Schrägfahren heraus je nach Steilheit des Geländes und Fahrtempo beliebig lange oder kurze, einmalige oder mehrere Richtungsänderungen bis zum Halten fahren. Der Schwung bergwärts wird am besten an einer Geländekante oder auf einem Buckel durch Beugen der Beine und des Rumpfes aus der Schrägfahrt ausgelöst. Beim Tiefgehen werden dann die Knie vor- und kurveneinwärts gedrückt (aufkanten) und der Rumpf erneut vor-talwärts gebeugt. Durch die verschiedene Dosierung der Tiefbewegung und des Aufkantens ergibt sich ein kurzer, mittlerer oder langer Schwung.

Übungsformen:
➤ Vorübungen: Schrägfahren – Seitrutschen.
➤ Aus der Schrägfahrt, an einer Geländekante, einen kurzen Schwung bergwärts durch kräftige Tiefbewegung auslösen: Halteschwung. Nach beiden Seiten fahren.
➤ Mehrmaliges Drehen durch Tief-Hoch-Tief-Bewegung beim Schrägfahren.
➤ Schwungfächer: Die Anfahrt in Richtung Falllinie steigern und so allmählich immer längere Schwünge fahren. Damit wird die Auslösung des Drehens leichter, aber die Schwungsteuerung schwieriger.

Der »Not-Stop« – gewusst wie durch situativ dosiertes Beinedrehen

Schwungfächer

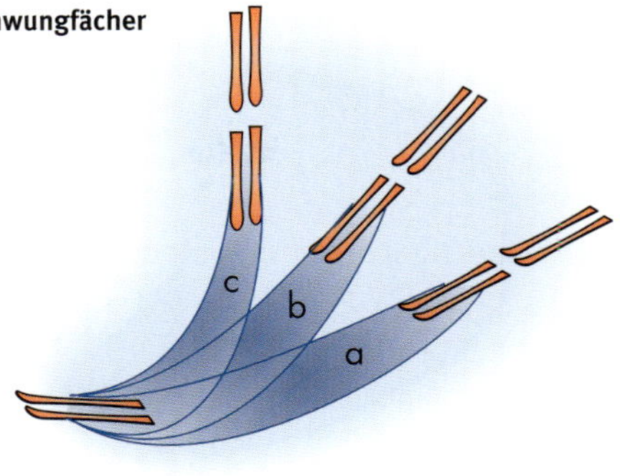

➤ Aus dem Schrägfahren so abschwingen, dass man vor einem Hindernis zum Halten kommt.

Tipps:
➤ Normalerweise wird das Drehen und Kanten durch Tiefgehen ausgelöst. Bei Schwierigkeiten in der Auslösephase kann evtl. eine Hoch-Tief-Bewegung das Auslösen erleichtern. Die Hochbewegung ist eine Auftaktbewegung, bewirkt ein Flachstellen der Ski aus der Schrägfahrt und ermöglicht ein weites Tiefgehen zum Auslösen des Schwunges.
➤ Die Tiefbewegung soll eine gleichmäßige Beugung der Sprung-, Knie- und Hüftgelenke ergeben.
➤ Zum Auslösen des Drehens nicht die Hüfte oder das Gesäß (Rotation), sondern den ganzen Körper drehen.

Pflug – Pflugbogen

Technik:
Der Pflugbogen ist ein Kurvenfahren in der Pflugstellung. Mit Hilfe von Pflugbögen können bereits einfache Richtungsänderungen über die Falllinie gefahren sowie kleine

Abfahrten im Anfängergelände gemeistert werden. Aus der Pflugfahrt wird durch wechselnde Belastung der Ski ein Bogen an den anderen gereiht.
Mit dem Belastungswechsel kann die Richtungsänderung durch Einwärtsdrehen des gebeugten Beins verstärkt werden. Der Oberkörper bleibt in neutraler Position und wird mit dem Belastungswechsel leicht über das kurvenäußere Bein gebeugt. Im Verlauf des Bogens kann durch die stärkere Beugung des äußeren Knies ein verstärkter Kanteneinsatz erzielt werden.

Übungsformen:

- Vorübung: Pflugfahren.
- Dann zuerst im Stand, in der Pflugstellung, den rhythmischen Belastungswechsel der Ski versuchen.
- Im Gleitpflug wechselseitiger Belastungswechsel.

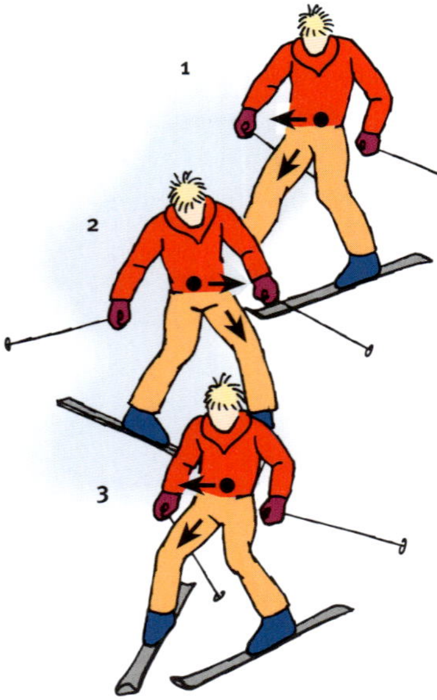

- Durch rhythmischen Belastungswechsel mehrere Bögen nahe der Falllinie aneinander reihen.
- Pflugbögen durch Vertikaltore mit zusätzlichem Drehen des Außenbeins.
- Pflugbögen durch Vertikaltore, im Verlauf mehrerer Fahrten die einzelnen Torstangen mehr und mehr seitlich aus der Falllinie versetzen.
- Kleine Abfahrten mit Liftbenützung, mit wechselndem Rhythmus und Fahrtempo. Gelände angepasst im Pflugbogen abfahren.
- Fahren mit Pflugbögen, beim letzten Bogen den unbelasteten Bergski beidrehen zum Halten.

Pflugbögen mit Belastungswechsel

Das Kernziel der Skitechnik und der Weg zum Parallelen Schwingen

Die Grundform des Parallelen Schwingens

Die Motivation, Skifahren zu lernen, ist bei jedem Beginner mit Wunschvorstellungen verbunden.
Sicher ist nicht das Erlernen von Pflugbogen oder das Schwingen mit Berg- oder Talstemme das Ziel des Einsteigers. Sein Traum, und das zu Recht, ist das elegante oder sportlich schnelle Schwingen in paralleler Skistellung auf und abseits der Pisten. Erst mit dem Parallelen Schwingen erschließt sich die ganze Faszination des Skilaufs.
Um dieses Ziel zu erreichen, soll nicht nur der Bewegungsablauf des parallelen Schwingens in seiner Grundform ausführlich beschrieben werden, sondern es werden auch zwei Wege vorgestellt, wie man es erlernen kann.

Wie geht das? – Die Frage nach dem Bewegungsablauf

➤ Schrägfahren in offener Skistellung, neutraler Körperlage und mittlerer Körperstellung (mittlere Position).
➤ Beine und Rumpf gleichzeitig beugen und den talseitigen Arm und Stock nach vorne bringen zur Vorbereitung des Stockeinsatzes.
➤ Aufrichten des Körpers vor-talwärts in eine Kurvenlage mit gleichzeitigem Stockeinsatz.
➤ Wechseln der Belastung vom talseitigen auf den bergseitigen Ski.
➤ Sofort anschließendes Beugen der Beine und des Rumpfes und Drehen von Beinen und Rumpf (Ganzkörperdrehen).
➤ Beugen des Oberkörpers während des Drehens über das Außenbein.
➤ Den talseitigen Arm vornehmen zur Vorbereitung des neuen Stockeinsatzes.

Warum gerade so? – Die Frage nach den Bewegungszielen

➤ Eine mittlere Position schafft die Voraussetzung für das Aufrichten des Körpers.
➤ Das Beugen der Beine und des Rumpfes in der Schrägfahrt erleichtert die Einleitung des ersten Schwunges.
➤ Das Aufrichten des Körpers entlastet die Ski und erleichtert das Einnehmen einer Kurvenlage für den Schwungwechsel.
➤ Der Stockeinsatz unterstützt die Streckung und sichert das Gleichgewicht.
➤ Das gleichzeitige Drehen von Beinen und Rumpf gewährleistet eine natürliche Position des Körpers auf dem Ski; Hüft- und Schulterachse bleiben quer zu den Ski.
➤ Der über das Außenbein gebeugte Oberkörper sichert die Belastung des Außenski und das Gleichgewicht in der Kurve.

Was noch? – Kleine Tipps und Hilfen

➤ Lernski verwenden.
➤ Die Tempokontrolle erfolgt über das Drehen; schnelles Beugen und Drehen reduziert das Tempo.
➤ Ein kurzes Anheben des talseitigen Ski während des Aufrichtens stellt den Belastungswechsel auf den Außenski sicher.
➤ Flüssige Schwungverbindungen anstreben.

Wie lerne ich es? – Lernwege zum Parallelen Schwingen

Sicher gibt es viele Wege und Methoden, um das Parallele Schwingen zu erlernen. Und ebenso wie es keine einfache Antwort auf die Frage nach der richtigen Skitechnik gibt (siehe Grundwissen Seite 27 bis 41), gibt es auch nicht nur einen Lernweg.
So wie die Situation die Skitechnik bestimmt, entscheiden die Persönlichkeit des Skifahrers mit all seinen individuellen Merkmalen, das Gelände und die Ausrüstung das Lernen im Skilauf.
Deshalb sollen zwei mögliche Wege zum Parallelen Schwingen mit ihren wichtigsten Schritten vorgestellt werden, die unterschiedlichen Personengruppen entgegenkommen.

Klassischer Weg über das Bogenfahren zum Parallelen Schwingen

Persönlichkeitsmerkmale:
Mäßige bis mittlere Kondition, eher wenig Sport treibend, eher vorsichtig im Sport.

Ausrüstung, Lerngelände:
➤ Maximal 1,70 m langer Lernski.
➤ Flacher, gleichmäßig geneigter Hang.

Voraussetzungen:
Erfahrung mit allen Grundfertigkeiten, insbesondere mit Schussfahren, Schrägfahren, Pflug, Pflugbogen, Seitrutschen und Schwung bergwärts.

Lernschritte:

Lernziel 1:
Pflugbögen und paralleles Fahren verbinden.

Übungen:
➤ Pflugbogen (siehe Seite 51/55) und Schrägfahren (siehe Seite 55) verbinden.
➤ Pflugbogen; am Ende des Bogens den bergseitigen Ski parallel beisetzen, Beine und Rumpf beugen und Seitrutschen (siehe Seite 53).

Lernziel 2:
Schwingen mit kurzer Pflugphase.

Übungen:

➤ Pflugbogen; im Bereich der Falllinie den Innenski parallel beisetzen, Aufrichten des Körpers, kurvenäußeren Ski belasten, Beine und Rumpf beugen und drehen (siehe Schwung bergwärts Seite 55).

➤ Wie oben, mit Stockeinsatz auf der kurveninneren Seite.

➤ Kurzes Pflugbogenfahren und bereits vor der Falllinie Aufrichten mit Stockeinsatz, beugen und steuern.

Lernziel 3:
Schwingen in paralleler Skistellung.

Übungen:

➤ Abbau der Pflugstellung bis zum Aufrichten aus der parallelen Skistellung.

➤ Paralleles Schwingen nahe der Falllinie.

➤ Paralleles Schwingen mit größeren Richtungsänderungen.

Klassischer Weg

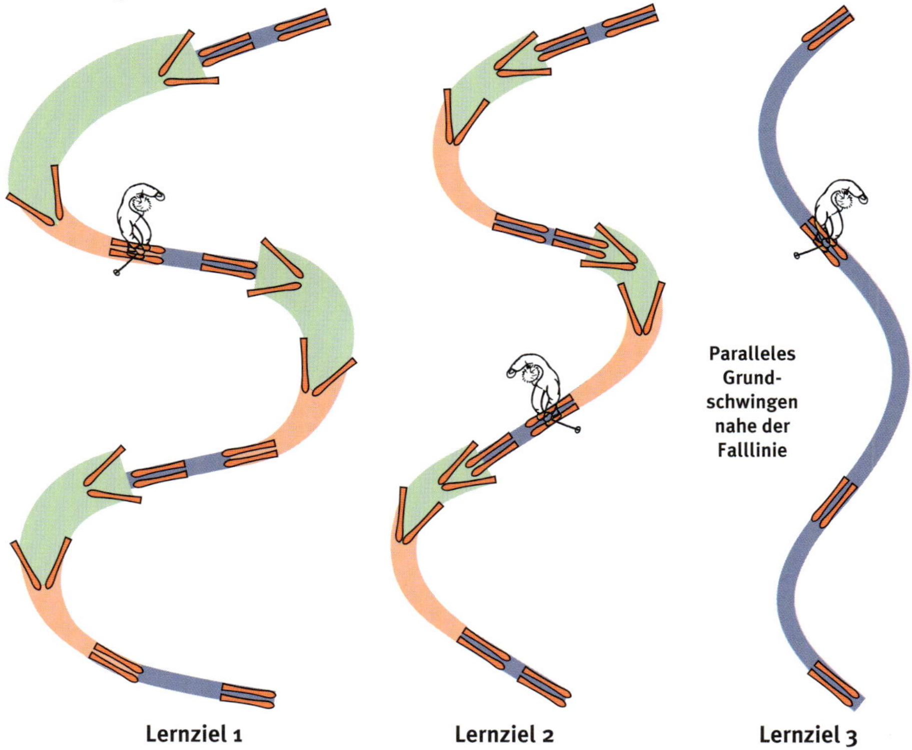

Direkter Weg mit zwei Skilängen zum Parallelen Schwingen

Persönlichkeitsmerkmale:
Gute Kondition, im Allgemeinen viel Sport treibend, wenig ängstlich beim Sport.

Ausrüstung, Lerngelände:
- Ein Kurzcarver (ca. 1,00 m) und ein Funcarver oder Allroundski (zwischen 1,40 m und maximal 1,60 m).
- Zu Beginn ein flacher, gleichmäßig geneigter Hang mit griffigem Schnee.
- Mit Kurzcarvern kann schon bald auch ein flaches bis mittelsteiles Gelände befahren werden.

Voraussetzungen:
Erfahrung mit allen Grundfertigkeiten, insbesondere mit Schlittschuhschritt, Bogentreten, Schussfahren, Schrägfahren und Schwung bergwärts auf Kurzcarvern.

Lernschritte:

Lernziel 1:
Fahren erster Kurven in paralleler Skistellung mit Kurzcarvern.

Übungen:
- Paralleles Kurvenfahren nahe der Falllinie.
- Paralleles Kurvenfahren mit größeren Richtungsänderungen.
- Paralleles Kurvenfahren in unterschiedlichem Gelände.

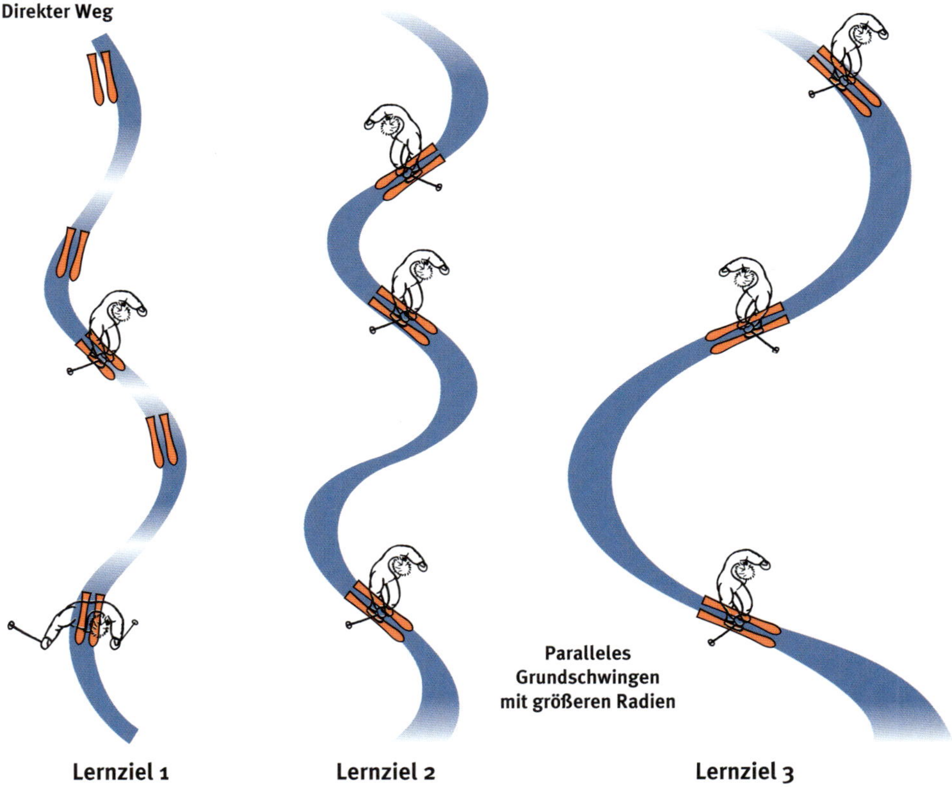

Lernziel 2:
Umsteigen auf 1,40 m bis 1,60 m lange Ski und Erlernen des Schwingens.

Übungen:

➤ Wiederholung der genannten Grundfertigkeiten.

➤ Schwung bergwärts aus unterschiedlich steiler Schrägfahrt (Schwungfächer bis über die Falllinie).

Lernziel 3:
Schwingen in paralleler Skistellung.

Übungen:

➤ Paralleles Schwingen nahe der Falllinie.

➤ Paralleles Schwingen mit größeren Richtungsänderungen.

➤ Paralleles Schwingen in unterschiedlichem Gelände.

Carving – Geländeschule

Das Beherrschen des Parallelen Grundschwingens ist die Eintrittskarte für das Skifahren im Gelände. Sie haben damit das **grundlegende Können** erworben, das Sie befähigt, in Verbindung mit weiterer spezieller skitechnischer Schulung in jedem Skigelände problemlos und sicher zu fahren. Von der Skitechnik her ist das sichere Fahren relativ schnell zu erlernen. Doch es braucht Zeit, Erfahrung und viel Praxis, ein geländegängiger Skifahrer zu werden. In der Geländeschule geht es um das **situative Können**, was im Prinzip heißt, im Umgang mit dem jeweiligen Schneewiderstand das geeignete individuelle Rezept zu finden.

In Ihrem skitechnischen »Werkzeugkasten« finden Sie alle Elemente, die Sie dazu benötigen. Als Generalüberschrift über diesem Kapitel steht »Regulation des Gleichgewichts«. Äußere Faktoren wie Gelände, Wetter, Schneeart und innere Faktoren wie Alter, Kondition, Psyche sowie technisches Können bestimmen das richtige situative Verhalten, denn kein Schwung gleicht dem anderen. Einmal muss man mehr, einmal weniger kanten, langsamer oder schneller fahren. Einmal fährt man auf weichem, griffigem Schnee, dann wieder im Buckelgelände, auf Eis oder im Tiefschnee.

Aber auch für Umsteiger gilt: Man muss ein neues Feeling für den Ski entwickeln. Auch Carverski fahren nicht alleine um die Kurve, und Carven heißt nicht, dass die Ski alles selbstständig machen. Fahren mit dem Carverski umfasst ein breites Spektrum an Skitechnik, die entwickelt werden will.

Die wichtigsten Technikmerkmale des Carvens

Was ist Carven und worin unterscheidet sich die Technik des Carvens von der des herkömmlichen Skifahrens? Die wesentlichen Technikmerkmale des Carvens noch einmal im zusammenfassenden Überblick.

- Carven heißt auf einem stark taillierten Ski unter Nutzung der Selbststeuerkräfte der Ski Kurven mit möglichst geringen Rutschanteilen zu fahren. Man spricht auch von **Kurvengleiten**.
- Carven ist geprägt durch dynamische **Kurvenlagewechsel, optimales Kanten** und **geringe Vertikalbewegungen**.

In der Carvingtechnik kann unterschieden werden zwischen einer sich am alpinen Rennsport orientierenden Technik des Race-Carvens und einer im freien Fahren und bei spezifischen Wettbewerben angewandten Technik des Fun-Carvens.

Zwischen Übungshang und Fahren im Gelände liegen Welten. Der Könner beherrscht das skitechnische Handwerkszeug und lässt sich durch »Geländestörungen« nicht so leicht aus dem Gleichgewicht bringen.

Technikmerkmale des Race-Carvens

Die Technik des Race-Carvens wird geprägt durch die so genannte **Renn-Basistechnik** sowie deren disziplinspezifische Weiterentwicklung als Riesenslalom- bzw. Slalomtechnik.

Die Technikmerkmale sind:

Ski- und Beinstellung:

- Ski- und Beinstellung parallel und deutlich offen (hand- bis hüftbreit).
- Ski auf gleicher Höhe.
- Ski gleich aufgekantet (Unterschenkel parallel).

Grundposition:

- Tiefere Körperposition (stärkere Beugung von Sprung-, Knie- und Hüftgelenk).
- Hohe Rumpfspannung.

Beide Ski sind gleich stark aufgekantet.

– Neutrale Körperlage (Fußsohle gleichmäßig belastet).
– Neutrale Körperachsen (Knie- Hüft- und Schulterachse parallel und nahezu im rechten Winkel zur Skilängsachse).

Schwungwechsel:
– Flüssiger Kantenwechsel durch Kippen beider Beine in die neue Schwungrichtung.
– Geringe, an Schwungwinkel und Hangneigung angepasste Vertikalbewegung.
– Aktiver Kurvenlagewechsel durch Schwungrichtung.
– Belastungswechsel auf den Außenski.

Schwungsteuerung:
– Steuerung über den gekanteten und belasteten Ski entlang seiner Taillierung.
– Bei Drehung unterhalb des vorgegebenen Radius der Ski Ganzkörperdrehung durch entsprechende Kurvenlage.
– An Hangneigung und Schwungwinkel angepasste Außenskibelastung.
– Außenskibelastung und Kurvenlage regulieren durch Ausgleichsbewegungen des Oberkörpers vor-talwärts.
– Fließende, dynamische Schwungverbindungen.

Arm-/Stockarbeit:
– Die Arme bleiben vor dem Körper und unterstützen die Gleichgewichtsregulation.
– Ein Stockeinsatz ist nicht unbedingt erforderlich und dient nur bei schnell aufeinander folgenden Richtungsänderungen als Rhythmushilfe.

Technikmerkmale des Fun-Carvens

Die Technik des Fun-Carvens ist besonders augenfällig geprägt durch maximale Kurvenlagen des gesamten Körpers, eine dadurch bedingte Belastung auch des Innenbeins und den Verzicht auf Skistöcke beim freien Befahren von Pisten und bei carvingspezifischen Wettbewerben.

Die Technikmerkmale sind:

Ski- und Beinstellung:
– Skistellung parallel und deutlich offen.
– Schrittstellung bei zunehmender Kurvenlage bedingt durch den Höhenunterschied der Beine und die Anatomie des Hüftgelenks.
– Ski gleich aufgekantet (Unterschenkel parallel).

Grundposition:
– Relativ hohe Köperposition (geringe Beugung in Sprung-, Knie- und Hüftgelenk). Neutrale Körperlage.

Schwungwechsel:
– Flüssiger Kantenwechsel durch Kippen des gesamten Körpers in die neue Kurvenlage.
– Deutliches Vorausdrehen der Körperaußenseite.
– Innenarm zeigt zum Hang, gebeugter Außenarm ist vor dem Körper.

Schwungsteuerung:
– Beide Ski annähernd gleich belastet.
– Drehen unter Nutzung der Selbststeuerkräfte der Ski entlang der Skitaillierung.
– Der gesamte Körper bleibt hangwärts gelegt, der Innenarm geht Richtung Hang, die Innenhand stützt bei starker Innenlage das Gleichgewicht.
– Bergwärts ziehen des Schwungs am Schwungende.
– Fließende Schwungverbindung.

Paralleles Grundschwingen	Race-Carven	Fun-Carven
Hochbewegung bei der Schwungeinleitung Körper strecken, den Körper vorkurveneinwärts neigen und etwas um seine Längsachse drehen	Geringe, nicht entlastungswirksame, an die Hangneigung und den Schwungwechsel angepasste Vertikalbewegung; Schwungwechsel durch Kippen der Beine in die neue Schwungrichtung	Keine Vertikalbewegung; Schwungwechsel durch Kippen des gesamten Körpers in die neue Schwungrichtung
Arm-/Stockbewegung bei der Schwungeinleitung Im Laufe der Körperstreckung den Stock einsetzen	Stockeinsatz nur als Rhythmushilfe bei kurzen Schwüngen, keine Unterstützung des Aufrichtens	Fahren ohne Stöcke
Beindrehbewegung im Tiefgehen während der Schwungsteuerung Drehen des Außenbeins während der Beugebewegung unabhängig vom Rumpf	Steuern über den gekanteten und belasteten Ski entlang seiner Taillierung; bei Drehung unterhalb des vorgegebenen Radius der Ski Ganzkörperdrehung bei entsprechender Kurvenlage	Drehen unter Nutzung der Selbststeuerkräfte der Ski entlang der Skitaillierung
Rumpf- und Armbewegung in der Schwungsteuerung Bewegen des Oberkörpers zum Außenski nach vorne während des Tiefgehens; die Arme sind leicht angewinkelt ruhig vor dem Körper geführt	Kurvenlage regulieren durch Ausgleichsbewegungen des Oberkörpers vor-talwärts; die Arme bleiben vor und neben dem Körper und regulieren das Gleichgewicht	Der gesamte Körper bleibt hangwärts gelegt; der Innenarm geht Richtung Hang, die Hand stützt ggf. die Innenlage ab
Offene Skistellung Offene Skistellung ohne weitere Aussagen zur Ausführung	Ski- und Beinstellung parallel und deutlich offen (hand- bis hüftbreit); beide Ski gleich aufgekantet (Unterschenkel parallel)	Skistellung parallel und deutlich offen; Schrittstellung bei zunehmender Kurvenlage bedingt durch den Höhenunterschied der Beine; beide Ski gleich aufgekantet (Unterschenkel parallel)
Außenskibelastung und Belastungswechsel Der schwungäußere Ski ist stärker belastet als der Innenski; beim Schwungwechsel erfolgt ein Belastungswechsel auf den neuen Außenski	An Hangneigung und Schwungwinkel angepasste Außenskibelastung	Beide Ski annähernd gleich belastet; bei extremer Kurvenlage kann der Innenski auch stärker als der Außenski belastet sein
Ausgewogene Fersen- und Ballenbelastung Gleich großer Druck auf Ballen und Ferse	Neutrale Körperlage, das heißt permanentes Regulieren der Fersen- und Ballenbelastung im Kurvenverlauf	Neutrale Körperlage, das heißt permanentes Regulieren der Fersen- und Ballenbelastung im Kurvenverlauf

Aus nebenstehendem Überblick ergeben sich vier wesentliche Veränderungen:

1. Abbau der Hoch-Tief-Bewegung.
2. Schwungwechsel durch Beinkippen oder Ganzkörperkippen.
3. Deutliches Vorausdrehen der Körperaußenseite beim Fun-Carven.
4. Steuern entlang der Skitaillierung.

Weitere Unterschiede der verschiedenen Technikmerkmale:

- Fahren ohne Stockeinsatz bzw. ohne Stöcke.
- Fahren mit deutlich offener Skistellung und paralleler Unterschenkelstellung.
- Fahren mit unterschiedlicher Belastung des Außen- und Innenskis.

Technik des Fun-Carvens ohne Stöcke mit extremer Kurvenlage

Varianten der Skitechnik

In flachem Gelände

Paralleles Schwingen mit ruhiger Hoch-Tief-Bewegung
Bewegungsbild: schonendes, fließendes, weiches Fahren

Bewegungsstenogramm:

➤ Offene Skistellung, mittlere Position.
➤ Langsames Aufrichten vor-kurven-einwärts.
➤ Während des Aufrichtens Stockeinsatz.
➤ Dosiertes, auf den Schwungradius verteiltes Beugen und

➤ Drehen des gesamten Körpers entsprechend der Skidrehung .

➤ Oberkörper nach der Falllinie über das Talbein neigen.

➤ Die Schwünge fließend miteinander verbinden.

Bewegungsziele:

➤ Durch das langsame Aufrichten wird ein früher Kantenwechsel möglich und ein übermäßiges Rutschen verhindert.

➤ Das dosierte Beugen und Strecken des Körpers ermöglicht eine weiche, fließende Schwungverbindung.

Tipps:

➤ Mittlere Radien und Schwungwinkel fahren.

➤ Eine Fahrlinie nahe der Falllinie wählen.

➤ Keine übertriebenen Beuge-, Streckbewegungen ausführen.

Übungen:

➤ Während der Streckung langsam bis drei zählen, ebenso während des Beugens.

➤ Vorstellung eines Gummibandes, das bei der Hochbewegung langsam gedehnt wird und beim Tiefgehen sich wieder zusammenzieht.

Kurvengleiten – erstes Carven
Bewegungsbild: schneidendes, kraftvolles Fahren

Bewegungsstenogramm:

- Etwas tiefere Position.
- Kippen beider Beine kurveneinwärts.
- Oberkörper leicht über das Außenbein beugen.
- Passives Drehen entsprechend der Skitaillierung.
- Den Außenski stärker als den Innenski belasten.
- Kurvenwechsel ohne Hochbewegung.

Bewegungsziele:

- Eine offene Beinstellung ermöglicht eine hohe Bewegungsfreiheit der Beine beim Kanten.
- Die Kippbewegung der Knie bewirkt ein starkes Aufkanten.
- Der belastete Außenski bestimmt die Richtungsänderung entsprechend der Skitaillierung.
- Das Verbleiben in einer tieferen Position ohne Hochbewegung verhindert ein Anrutschen der Ski.

Tipps:

- Stärker taillierte Ski verwenden.
- Die Schwungradien entsprechend der Skitaillierung wählen.
- Geduldig auf die Selbststeuerkraft der Ski warten. Kein aktives Drehen der Ski!
- Eine Fahrlinie nahe der Falllinie wählen.
- Auf den Stockeinsatz kann verzichtet werden.

Übungen:

- Kniekippen im Stand.
- Aus der Schrägfahrt Schwung bergwärts auf der Kante.
- Schwungfächer geschnitten (siehe Grafik).
- Bogentreten über die Falllinie ohne Rutschen.
- Kurvengleiten nahe der Falllinie in halbhoher Position.

In mittelsteilem Gelände

Kurzschwingen
Bewegungsbild: rhythmisches, ästhetisches Fahren

Bewegungsstenogramm:

➤ Offene oder enge Skistellung, mittlere Position.

➤ Rumpf und Beine beugen, verbunden mit einem zügigen Drehen der Beine.

➤ Stockeinsatz vorbereiten.

➤ Aufrichten vor-talwärts mit Stockeinsatz und Belastungswechsel.

➤ Oberkörper talwärts ausrichten, unabhängig von der Drehbewegung der Beine.

Bewegungsziele:

➤ Das zügige Beugen und Strecken ermöglicht eine rhythmische Schwungfolge.

➤ Der Stockeinsatz unterstützt die Streckung und den Rhythmus.

➤ Der Belastungswechsel auf den Außenski sichert das Gleichgewicht.

Tipps:

➤ Planes Gelände wählen.

➤ Auf gleichmäßige Fahrgeschwindigkeit achten. Die Schwungwinkel bestimmen das Tempo!

➤ Den Rhythmus konstant halten.

Übungen:

➤ Durch Radiusverkleinerung vom Parallelen Schwingen zum Kurzschwingen (Trichterfahren).

➤ Sich den Rhythmus vorsprechen.

➤ In der Spur einer Pistenraupe schwingen.

Race-Carven
Bewegungsbild: sportlich-schnelles, mutiges Fahren

Bewegungsstenogramm:

- Bein- und Skistellung parallel offen.
- Tiefere Körperstellung und Neutrallage.
- Schwungwechsel durch Beinkippen mit flüssigem Kantenwechsel.
- Geringe Vertikalbewegung, kein Stockeinsatz.
- Belastungswechsel auf den Außenski.
- Drehen über die gekanteten und belasteten Ski entlang ihrer Taillierung.
- Deutliche Außenskibelastung.
- Außenskibelastung und Kurvenlage regulieren durch Beugen des Oberkörpers über das Talbein.

Bewegungsziele:

- Die offene Beinstellung ermöglicht ein stärkeres Aufkanten der Ski.
- Eine hohe Körperspannung ergibt eine ruhige Fahrposition.
- Das Beinkippen bewirkt einen direkten Kantenwechsel ohne Driften.
- Der über das Talbein gebeugte Oberkörper sichert die Außenskibelastung.

Tipps:

- Auf freie Pisten achten.
- Rücksicht auf andere Skifahrer.
- Stärker taillierte Ski verwenden.

- Hoch und Tiefbewegungen reduzieren.
- Kein aktives Andrehen der Ski; auf die Selbststeuerkräfte der taillierten Ski warten.
- Die Schwungradien der Taillierung der Ski anpassen.
- Tempo dem Fahrkönnen anpassen.

Übungen:

- Ohne Vertikalbewegung beim Schwungwechsel fahren.
- Kurvengleiten in der Hocke oder in halbhoher Position.
- Kurvengleiten ohne Stöcke, beide Fäuste werden zwischen den Knien gehalten.
- Ohne Stöcke fahren, beide Hände drücken die Knie kurveneinwärts.
- Ohne Stöcke fahren, Außenhand drückt Innenknie einwärts.
- Kurvengleiten ohne Stöcke mit den Händen in Vorhalte, die Handflächen zeigen den Kantwinkel der Ski an.
- Kurvengleiten mit quer gehaltenen Stöcken.

Fun-Carven
Bewegungsbild: Kurvenlage betontes, spielerisches Fahren

Bewegungsstenogramm:

- Ohne Stöcke fahren.
- Offene Bein- und Skistellung.
- Höhere Körperstellung.
- Flüssiger Schwungwechsel durch Kippen des gesamten Körpers in die neue Kurvenlage.
- Vorausdrehen der Körperaußenseite, der Innenarm zeigt zum Hang, der Innenarm nach vorne.
- Beide Ski annähernd gleich belasten.
- Der gesamte Körper bleibt hangwärts gelegt.

Bewegungsziele:

➤ Starker Kantwinkel der Ski durch Kippen des gesamten Körpers.

➤ Erreichen extremer Kurvenlage.

➤ Das Vorausdrehen des Oberkörpers erleichtert den Schwungwechsel.

Tipps:

➤ Auf freie Pisten achten.

➤ Plane, nicht zu steile Pisten mit griffigen Schneeverhältnissen wählen.

➤ Stark taillierte Ski verwenden.

➤ Vorsicht beim Berühren der Piste mit der Hand; Verletzungsgefahr an Hand und Schulter!

➤ Bergwärts ziehen der Schwünge am Schwungende zur Tempokontrolle.

➤ Fließende dynamische Schwungverbindungen anstreben.

Übungen:

➤ Partnerübung: Kippen des aufrechten Körpers in die Kurvenlage mit Stütze eines Partners (Arme eingehakt).

➤ Beim Steuern mit dem Außenarm nach vorne Richtung Skispitze zeigen.

➤ Schwungwechsel mit der Bewegungsvorstellung, das Innenbein wird »weich«, das Außenbein stützt.

➤ Zu zweit mit Handfassung fahren.

➤ Um Markierungen (Pilze, Frisbeescheiben o. Ä.) fahren.

360er

Der Carverski eröffnet dem Fun-Carver ein vielfältiges Bewegungsspektrum. Eine Möglichkeit ist der so genannte 360er. Hier fährt der Carver so weit den Hang hinauf, bis er seine eigene Ausgangsspur wieder erreicht hat. Carven auf einer Kreisbahn.

In steilem Gelände

Kurzschwingen mit starker Bremswirkung
Bewegungsbild: rhythmisches, bremsendes Fahren

Bewegungsstenogramm:

➤ Offene oder enge Skistellung, mittlere Position.
➤ Schnelles Aufrichten vor-talwärts mit Stockeinsatz und Belastungswechsel.
➤ Rumpf und Beine beugen, verbunden mit schnellem und kräftigem Drehen beider Beine, Stockeinsatz vorbereiten.
➤ Oberkörper bleibt talwärts ausgerichtet, unabhängig von der Beinarbeit.
➤ Rhythmische Aneinanderreihung der Schwünge.

Bewegungsziele:

➤ Gute Bremswirkung durch das schnelle, kräftige Beinedrehen.
➤ Starke Entlastung und schnelles Überwinden der Falllinie durch das schnelle Aufrichten.

Tipps:

➤ Kleine Radien und große Schwungwinkel wählen (Tempokontrolle).

➤ Den Stockeinsatz ein- oder beidseitig als Stütz- und Rhythmushilfe nutzen.

➤ Auf ständige Neutrallage und Außenskibelastung achten.

➤ Die Streckbewegung kann in sehr steilem Gelände bis zum Abheben der Ski gesteigert werden.

➤ Das Aufrichten mit Belastungswechsel kann ein- oder beidbeinig erfolgen.

Übungen:

➤ Winkelspringen.

➤ Winkelspringen mit Drehen der Beine.

➤ Trichterfahren.

➤ Akustische Rhythmushilfen selbst vorsprechen.

➤ Synchron mit einem Partner schwingen.

➤ Auf einer steilen Pistenraupenspur schwingen.

Schwingen mit Talstemme
Bewegungsbild: vorsichtiges, tastendes Fahren

Bewegungsstenogramm:

- Offene Skistellung, mittlere Position.
- Talseitigen Ski mit Schneekontakt und zunehmender Belastung ausstemmen.
- Talbein und Rumpf beugen und Stockeinsatz vorbereiten.
- Abstoß vom Talski und Aufrichten mit Stockeinsatz.

- Belastungswechsel auf den bergseitigen Ski und Abstoßski parallel aufsetzen.
- Beugen, Ganzkörperdrehen entsprechend der Skidrehung.
- Beugen des Oberkörpers über das Talbein.

Bewegungsziele:

- Das Ausstemmen des Talski führt zu einem Bremsen.
- Mit dem Ausstemmen wird eine stabile, sichere Abstoßposition erreicht.

Tipps:

- Schwünge können mit Schrägfahrten verbunden werden (große Schwungwinkel).
- Talstemme nicht zu weit, da sonst der Belastungswechsel erschwert wird.

Übungen:

- In der Schrägfahrt mehrmaliges Ausstemmen des Talski und wieder zurücksetzen.
- Aus steiler Schrägfahrt Einzelschwung über die Falllinie.

Schwingen mit Bergstemme
Bewegungsbild: sicheres, Kraft sparendes Fahren

Bewegungsstenogramm:

- Offene Skistellung, mittlere Position.
- Bergski anheben und ausstemmen, Vorbereiten des Stockeinsatzes.
- Bergski aufsetzen.
- Abstoßen vom Talski und Aufrichten mit Stockeinsatz.
- Belastungswechsel auf den Bergski und Abstoßski parallel aufsetzen.
- Beugen, Ganzkörperdrehen entsprechend der Skidrehung.
- Beugen des Oberkörpers über das Talbein.

Bewegungsziele:

- Durch das Ausstemmen des Bergski wird der Schwungwinkel verkleinert.
- Sichere Abstoßposition.

➤ Mit dem Ausstemmen wird der Bergski bereits umgekantet.

Tipps:

➤ Schwünge können mit Schrägfahrten verbunden werden (große Schwungwinkel).

➤ Bergstemme nicht zu weit, da sonst der Belastungswechsel erschwert wird.

Übungen:

➤ In der Schrägfahrt mehrmaliges Ausstemmen des Bergski und wieder zurücksetzen.

➤ Aus unterschiedlich steiler Schrägfahrt, Bergski ausstemmen und Schwung bergwärts.

➤ Aus steiler Schrägfahrt Einzelschwung über die Falllinie.

Auf harten (eisigen) Pisten

Kurzschwingen mit starkem Kantengriff
Bewegungsbild: aggressives, hartes Fahren

Bewegungsstenogramm:

- Offene oder enge Skistellung, mittlere Position.
- Starkes Kniekippen schwungeinwärts.
- Dosiertes Ganzkörperdrehen mit Oberkörperausgleichsbewegung.
- Außenski stark belasten, gleichzeitig Stock vorbereiten.
- Schneller Schwungwechsel ohne deutliches Aufrichten.

Bewegungsziele:

- Das Kniekippen schwungeinwärts bewirkt ein starkes Aufkanten.
- Geringes Aufrichten und dosiertes Drehen verhindern ein übermäßiges Driften.

Tipps:

- Kleine bis mittlere Radien und große Schwungwinkel wählen.
- Für gut präparierte Kanten sorgen.
- Gut aufwärmen und dehnen (hohe Gelenkbelastung!).
- Neutrallage halten.
- Sichere Außenskibelastung in der Schwungsteuerung.
- Kurzen, harten Schwungrhythmus wählen.
- Der Belastungswechsel kann ein- oder beidbeinig erfolgen.

Übungen:

- Schwingen mit mehrmaligem Aufkanten in einer Steuerphase.
- Vom Kurvengleiten mit großen Radien zum Kurzschwingen.
- Um Torstangen fahren.

Wichtige Fahrtipps

1. Beim Fahren auf vereisten Pisten sind die Schwierigkeiten oft identisch mit denen im steilen Gelände. Die Angst, abzurutschen, verleitet den Skifahrer dazu, sich bergwärts zu lehnen und sich eher passiv zu verhalten. Besonders die Skiläufer, die starke Entlastungsbewegungen brauchen, um die Ski zu drehen, sowie diejenigen, die mit zu schwachem Kantendruck und zu aufrecht fahren, haben Probleme.

2. Leider verhalten sich viele Skiläufer, gerade was die Dosierung des Kanteneinsatzes auf harten Pisten anbelangt, falsch, indem sie versuchen, sich mit aller Kraft am Hang festzukrallen, dabei zu stark bergwärts stehen und dadurch erst recht abrutschen. Dafür muss man zunächst Erfahrung sammeln.

3. Danach kommt es darauf an, den Kanteneinsatz beim Schwingen (extrem hartes Stoppen) so präzise auszuführen, dass er genau an der richtigen Stelle im Gelände und im richtigen zeitlichen Augenblick erfolgt und dabei dem Skiläufer den nötigen Halt bietet – für einen Slalomläufer erste Voraussetzung. Das konsequente Einhalten einer Mittellage ermöglicht, dass die ganze Kantenlänge greifen kann. Machen Sie in der eisigen Buckelpiste ruhig einen Schwung mehr als sonst.

4. Es ist unzweckmäßig, die Ski ständig extrem auf den Kanten zu führen, die Folge davon ist meistens ein Rattern. Dabei verliert man mit den Kanten den Bodenkontakt und fühlt sich noch unsicherer als auf flachem Ski. Es ist deshalb besser, immer eine gewisse Kantenreserve zu haben, um diese im richtigen Moment voll auszuspielen.

5. Ebenso sinnvoll ist es, den Kanteneinsatz nicht mehr in einer Entlastungsphase, sondern mit Belastung auszuführen. Die Belastung der Kanten muss aber kurzzeitig und aktiv geschehen.

6. In schwierigem und eisigem Gelände sollten Sie immer nahe der Falllinie abfahren. Es ist meistens leichter, kurze, aneinander gereihte Schwünge zur Tempokontrolle zu machen als zu lange Querfahrten.

7. Selbst die eisigsten Hänge haben leichtere Passagen. Suchen Sie sich die griffigen Stellen zum Schwingen, und traversieren Sie dazwischen.

8. Am Steilhang gibt es nur eine Devise: Bremsen durch ausgeprägtes Querstellen der Ski, noch besser: immer wieder den Berg hinauffahren, weg von der Falllinie.

9. Skifahrer mit Knieproblemen sollten eisige Pisten möglichst meiden, ebenso auch konditionsschwache und eher defensive Skiläufer.

Traum-Kulisse für ein Wintermärchen: Doch der erste Eindruck trügt – der Schnee ist eisig und der Weg führt durch ein Labyrinth von verwehten Bäumen.

Hohe Schule im Gelände

In der Buckelpiste fahren

Fahren in der Buckelpiste zählt nach wie vor zur Hohen Schule im Gelände. Für die einen ist es ein Alptraum, für die anderen eine besondere sportliche Herausforderung. Die größte Schwierigkeit liegt wohl darin, dass in der Buckelpiste objektive (wechselnde Geländeunebenheiten) und subjektive Störfaktoren (sich dem Gelände unterordnen) bewältigt werden müssen, die an das Gleichgewichtsvermögen des Carvers und die skitechnische Feinmotorik große Anforderungen stellen. Jede Buckelpiste ist anders und verlangt vorausschauendes Agieren zusammen mit entschlossenem Reagieren.

Buckelpisten fahren lernen

Voraussetzung für das kontrollierte Fahren in der Buckelpiste ist das Parallele Schwingen auf der Piste, auch in höherem Fahrtempo und kürzerem Schwungradius. Nun sollten Sie vermehrt versuchen, in einer mittleren Körperposition zu fahren. Diese mittlere Beugestellung ist besser geeignet, um das Gleichgewicht zu halten, und ermöglicht folglich eine bessere Bewegungsbereitschaft zum Ausgleichen aller Bodenunebenheiten. Wichtig ist auch eine mittige Grundposition mit einer gleichmäßigen Belastung der Fußsohle und dadurch einer ausgewogenen Belastung der Ski. Vermeiden Sie eine zu starke Ballen- oder Fersenbelastung, die Folge wäre zu starker Schaufeldruck oder zu wenig Schaufelbelastung. Nur aus einer mittigen Position heraus lassen sich entsprechende Anpassungsveränderungen vor-zurück vornehmen.

Gewöhnungsübungen:

➤ Schussfahren und Schrägfahren in lockerer Grundposition.

➤ Schussfahren über leichte Wellenbahn oder Buckel im Auslauf einer Buckelpiste. Ruhiger Oberkörper, mit den Beinen die Wellen passiv ausgleichen, das heißt die Beine vom Gelände beugen lassen (Stoßdämpfereffekt ausprobieren!).

➤ Schussfahren und Schrägfahren über leichte Wellen oder Buckel mit aktiver Ausgleichsbewegung. Zunehmende Feinregulation versuchen, dabei immer auf die mittige Neutrallage beim Beugen und Strecken der Beine achten.

Zum Einfahren:

Ausgleichsschwingen in einer leichten Buckelpiste:

➤ Zunächst nahe der Fallinie.

➤ Immer mehr quer zur Falllinie.

➤ Bei verschiedenem Tempo, aber immer kontrolliert fahren.

Offensiv und in perfekter Technik durch die »olympische Buckelpiste« beim Freestyle.

torino 200
RELAX
RELAX

➤ Versuchen Sie, die Spur anfänglich immer über die Buckel zu legen. Eignen Sie sich von Anfang an ein vorausschauendes, lockeres Fahren an, und reagieren Sie immer entschlossen.

Idealtechnik Buckelpiste

Um bei mittlerem Fahrtempo den Boden- bzw. Schneekontakt nicht zu verlieren und ein Zusammenstauchen zu vermeiden, wählt der Könner die Ausgleichstechnik. Dabei übernehmen die Beine die Funktion von Stoßdämpfern, die Buckel und Mulden werden dabei durch tempo- und geländeangepasstes Beugen und Strecken der Beine ausgeglichen. Während des Schwingens sollen die Ski bei kontrolliertem Fahrtempo möglichst immer Bodenkontakt behalten.

Bewegungsstenogramm:

➤ Enge Skistellung, mittlere Position.

➤ Beim Auffahren zum Buckel Beugen der Beine und des Rumpfes.

➤ Oberkörper leicht in Richtung Falllinie vorausdrehen, Stockeinsatz vorbereiten.

➤ Auf dem Scheitelpunkt des Buckels stützenden Stockeinsatz und Drehbeginn der Ski.

➤ Strecken der Beine und Drehen des ganzen Körpers beim Einfahren in die Mulde.

➤ Der Oberkörper bleibt talwärts ausgerichtet.

Wichtig:

➤ Möglichst kurzes Schwingen versuchen.

➤ Die Geländeentlastung beim Überfahren eines Buckels zum Skidrehen nutzen.

➤ Kontrollieren des Fahrtempos immer am fallenden Buckel beim drehenden Strecken.

EBEL
EBEL

Probleme in der Buckelpiste

Über die Schwierigkeit, den Bodenkontakt zu halten

Mögliche Ursachen:

➤ Mangelndes Beugen (Buckel) und Strecken (Mulde) der Beine.

➤ Zu schwaches und zu spätes Ausgleichen des Buckels.

➤ Zu wenig aktives Strecken der Beine nach unten.

➤ Zu starkes Absitzen beim Beugen verursacht Rücklage.

Trainingstipps:

➤ Üben Sie das richtige Ausgleichen durch häufiges Fahren über Wellen in der Falllinie.

➤ In einer leichten Buckelpiste Schrägfahren mit ausgeprägten Ausgleichsbewegungen.

➤ Beim Überfahren der Buckel darauf achten, dass Sie beim Ausgleichen nicht durch Absitzen in Rücklage kommen. Immer in der Mittelposition (Neutralposition) bleiben.

➤ Fahren Sie zum Einfahren Ausgleichsschwünge nur in einer leichten Buckelpiste. Wählen Sie die Fahrlinie so, dass Sie jeweils in kontrolliertem Tempo über den höchsten Punkt der Buckel nahe der Falllinie schwingen. Vermeiden Sie unbedingt lange Schrägfahrten.

Zu starkes Absitzen –› Rücklage
Fortsetzung der Rücklage beim Streckdrehen
Zu spätes Ausgleichen beim nächsten Buckel

Wer im Buckelgelände noch geländeangepasst fahren will, muss die Ausgleichstechnik lernen.

Über den falschen und den richtigen Weg durch die Buckelpiste

Mögliche Ursachen:

➤ Das Fahrtempo ist zu schnell und deshalb unkontrolliert, vor allem aber nicht der Steilheit des Geländes angepasst.

➤ Ihr Fahrtempo ist zu langsam und Ihre Fahrlinie zu wenig nahe der Falllinie.

➤ Ihr Fahrverhalten ist zu defensiv und passiv.

➤ Sie fahren zu verkrampft, können deshalb auf Gleichgewichtsstörungen nicht schnell genug reagieren und finden so nicht den richtigen Rhythmus.

Trainingstipps:

➤ In jeder Buckelpiste gibt es eine Ideallinie. Um diese zu erkennen und seine eigene Spur zu finden, muss man während der Fahrt ständig vorausschauen.

➤ Versuchen Sie zunächst »im Tandem« mit einem sehr guten Skifahrer Ihr eigenes Erfahrungsspektrum in der Buckelpiste zu verbessern.

➤ Passen Sie sich möglichst schnell dem Gelände an, und versuchen Sie, die Buckel und Mulden für Ihre Fahrlinie zu nutzen.

➤ Regulieren Sie ständig Ihr Gleichgewicht, und verhindern Sie damit, dass Ihnen die Ski »durchgehen«.

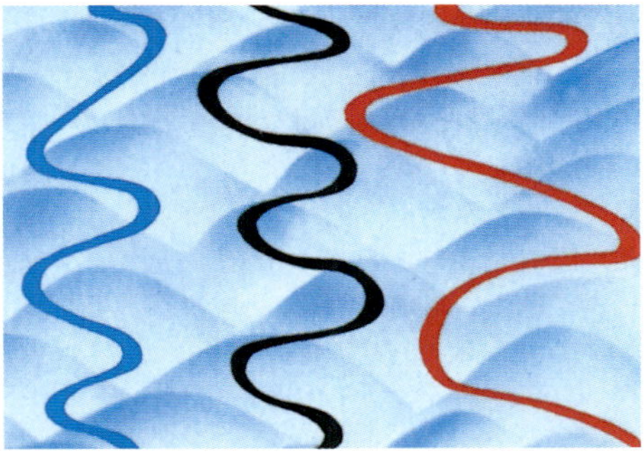

Die Grafik zeigt den »Idealweg« im extremen Buckelgelände.

Blauer und roter Weg: kurzer oder langer Schwungradius.

Nicht gut ist das Überfahren von hohen Buckeln (schwarzer Weg), es sei denn, man fährt sehr langsam.

➤ Nur mit einer variablen Skitechnik können Sie Gleichgewichtsstörungen und Fahrfehler kompensieren. Variable Skitechnik bedeutet, sich dem Rhythmus der Buckelpiste unterzuordnen.

➤ Versuchen Sie, zunächst nur kurze Passagen auf der Ideallinie zu fahren. Stoppen Sie, wenn Ihnen die Kraft ausgeht oder wenn Sie Ihren Rhythmus verloren haben.

➤ Vermeiden Sie es, bei schlechten äußeren Bedingungen (schlechte Sicht, schwerer Schnee) und bei Ermüdungserscheinungen über Ihre Verhältnisse zu fahren.

= Ideallinie des Könners

= Umweg des Anfängers (nicht ideal)

Über die Schwierigkeit, in extremen Buckelpisten in der Falllinie zu bleiben

Mögliche Ursachen:

➤ Sie wählen den »schweren Weg« über die Buckel.

➤ Sie versuchen zwar kontrolliert, aber vielleicht zu wenig aktiv zu fahren.

➤ Ihre Skitechnik ist nicht variabel genug.

➤ Sie haben Schwierigkeiten mit der Feinabstimmung von Beinarbeit und Oberkörperbewegung.

Trainingstipps:

➤ In extremen Buckelpisten muss die Ausgleichsbewegung der Beine, das heißt das »passive Schlucken« der Buckel, zu einem aktiven Anhocken der Beine gesteigert werden. Bereits in der Mulde vor dem Buckel nach dem kurzen aktiven Streckdrehen beginnt der Carver mit dem Anhocken.

➤ Durch das aktive Anhocken der Beine wird die entlastende Wirkung des Buckels und damit ein Sprung vermieden.

➤ Üben Sie das schnelle Anhocken zunächst im Auslauf einer Buckelpiste nahe der Falllinie. Das Anhocken muss so rechtzeitig erfolgen, dass es auf dem Buckel bereits in ein Streckdrehen übergeleitet werden kann.

➤ Fahren Sie vorausschauend, und suchen Sie die richtige Linie. Orientieren Sie sich

jetzt noch mehr an der Falllinie, und fahren Sie mehr um die Buckel.

Die Fahrlinie um die Buckel:

➤ Um sehr hohe Buckel mit guter Tempokontrolle und in rhythmischer Folge befahren zu können, versuchen Sie, auf dem abfallenden Teil des Buckels stärker aus der Falllinie herauszuschwingen. Dabei die Ski keineswegs zu sehr quer stellen.

➤ Besonders sportliche und konditionsstarke Carver suchen sich gerne ihre eigene Linie durch die Buckel und lassen sich nicht vom Gelände beeindrucken.

Kanten, Drehen, Gleiten – egal, in welchem Rhythmus und auch bei höherem Fahrtempo – ist bei Ihnen so perfektioniert, dass Sie mit der Buckelpiste spielen können. Dies setzt allerdings voraus, dass die Skitechnik nicht als feste Abfolge von speziellen Bewegungstechniken verstanden wird. Das Ziel ist das Beherrschen möglichst vieler funktioneller Bewegungen auf Ski, um jeder Situation im Gelände gewachsen zu sein.

PHENIX
ROSSIGNOL
ROSSIGNOL

Der 7. Sinn im Gelände

Zwischen Übungshang und Fahren im Gelände liegen Welten. Der gute Fahrer nützt alle Geländeformen – je nachdem bremsend, gleitend oder beschleunigend – für sich aus. Er versteht es, durch entsprechende Dosierung der Vertikalbewegung die Ski mehr oder weniger stark zu be- und entlasten. Der Könner beherrscht das skitechnische Handwerkszeug und lässt sich durch »Geländestörungen« nicht so leicht aus dem Gleichgewicht bringen. Er hat auf alle Störfaktoren eine Antwort parat und vermeidet, durch bestimmte Situationen in eine das Gleichgewicht störende Fahrstellung (z. B. Rücklage beim Überfahren einer Kante) zu kommen. Seine Bewegungsbereitschaft ist ständig vorhanden, er geht mit dem Gelände mit und passt sich den Gegebenheiten an.

Skitaktisches Verhalten lernen

Irgendwann ist jeder Skifahrer mit seinem Latein einmal am Ende, wenn er nicht gelernt hat, skitaktisch richtig zu handeln. Man denke dabei nur an die Übermüdungsmöglichkeit, z. B. wenn man längere Streckenabschnitte durchfährt oder durchfahren muss. Mit welcher Technik soll man schwierige Abfahrten bewältigen?
Wie soll man sich bei schlechtem Wetter verhalten?
Es gibt Situationen, auf die man defensiv oder offensiv reagieren kann und muss.

Wenn Kondition und Können stimmen, ist das Buckelfahren ein sportliches Spiel mit dem Gleichgewicht.

Beispiele für situationsgemäßes Verhalten

Situation	offensiv	defensiv
Gelände bekannt	x	
freies Gelände	x	
Gelände unbekannt		x
Abfahrt gut markiert	x	
Abfahrtsschwierigkeit unbekannt		x
Waldabfahrt		x
breite Piste	x	
Pistenwalze unterwegs		x
eisige Piste		x
Pulverschnee	x	
Abfahrt aper		x
Schneefall, Nebel		x
viel Pistenverkehr		x
gute Kondition	x	
schlechte Kondition		x
Gefahrenstellen		x
Ziehwege		x
Überqueren der Lifttrasse		x
Lawinengefahr		x

Bei schlechten Verhältnissen fahren lernen

Oft sind es Nebeltage, nicht die sonnigen Skiausflüge, die uns Skifahrern besonders im Gedächtnis bleiben. Ich kenne kaum einen Skiexperten, der nicht bei schlechter Sicht, sei es Nebel oder Schneefall, auch seine Probleme hatte.
Neben schlechten Pistenverhältnissen ist das Abfahren bei eingeschränkter Sicht eine Situation, die besondere Anpassungsmaßnahmen des Skiläufers erfordert. Genauso wie im Straßenverkehr empfiehlt sich hier grundsätzlich eine defensive Fahrweise. Leichter gesagt, als getan! Besonders für schwächere Skiläufer bringt das langsame Fahren zusätzliche Schwierigkeiten dadurch mit sich, dass der Schwungansatz fast zeitlupenartig erfolgt, das heißt immer schwerer wird, manchmal sogar gerade deshalb misslingt. Aus Angst vor dem Misslingen des Kantenwechsels am Schwungbeginn retten sich viele deshalb in lange Schrägfahrten, die dann mit einem markanten Richtungswechsel »von Zick nach Zack« in eine neue Querfahrt führen.
Haben Sie schon einmal einen Könner beobachtet, was der im Nebel skitechnisch macht? Der gute Skiläufer greift auf die **Talstemme** zurück. Diese Technik ist eine Variante des Umsteigeschwungs, wobei der Talski (Außenski) vor dem Umsteigen auf den neuen Außenski mehr oder weniger stark mit dem Skiende ausgewinkelt wird. Der jeweilige Talski wird dabei als eine Art Ausleger benützt. Somit kann nicht nur das Fahrtempo dosiert abgebremst, sondern auch das Gelände regelrecht abgetastet werden. Außerdem kann sich der Skifahrer vom ausgewinkelten Talski in schwierigen Situationen, in welchen extreme Richtungsänderungen bei langsamer Geschwindigkeit notwendig sind, viel besser abstoßen, wenn er einen neuen Schwung ansetzen will. Das ist besonders dann von Vorteil, wenn man die Schwünge nicht kurz aneinander reihen kann oder will. Probieren Sie die Talstemme einmal aus – zunächst bei guter Sicht!
Neben der Anpassung der Skitechnik an äußere Störfaktoren gibt es noch eine Reihe anderer taktischer Tipps zum richtigen Verhalten:
Wenn sich lange **Querfahrten** nicht vermeiden lassen, dann ist auch ein Stochern mit dem talseitigen Stock eine gute Hilfe.
Hinsichtlich des Skigeländes ist die **Orientierung** in Waldregionen natürlich leichter als auf Pisten oberhalb der Baumgrenze. Bevorzugen Sie an Schlechtwettertagen also besser die Waldabfahrten. Nicht immer sind die Pisten so vorbildlich markiert, dass man sich auf die Stangen am Pistenrand verlassen kannn.
Gerade bei **starkem Schneefall** ist es besser, immer nur kurze Strecken konzentriert abzufahren, abzuschwingen und sich neu zu orientieren. Bei dichtem Nebel wird vom Gleichgewichtssinn viel verlangt. Das Auf und Ab der Skipiste beim Abfahren ohne Orientierungspunkte führt bei manchen Skifahrern zu regelrechten Schwindelanfällen wie beim Fahren mit der Schiffschaukel.
Besonders lästig ist zudem das **Anlaufen der Schneebrille**. Der Skifahrer sollte möglichst vermeiden, die Brillengläser ständig zu wischen, weil der Anti-Fog-Belag in feuchtem Zustand kratzempfindlich ist. Was tun? Am

besten auf kürzestem Weg in die nächste Jausenstation fahren, möglichst in Talnähe. Dort kann man dann vielleicht seine Skibrille auf dem WC mit dem warmen Luftstrom des elektrischen Handtrockners wieder klar machen. Oder man verzichtet für den Rest des Tages auf das Skifahren – zu Gunsten des Après-Ski.

Generell gilt: Wenn ein Skifahrer auffällig häufig Fahrfehler korrigieren muss, dann sollte er sich fragen, ob es sich dabei um hartnäckige Technikmängel oder typische Ermüdungsfehler handelt. Wenn die Reaktionsfähigkeit nachlässt und die Bewegungsqualität zunehmend verloren gehen, sind das ernst zu nehmende Alarmzeichen zum Schlussmachen. Morgen ist auch noch ein Tag.

Bei schlechter Sicht und Nebel ist es ratsam, Waldabfahrten zu wählen.

Im Tiefschnee fahren

Tiefschneefahren – ein Zauberwort seit eh und je! Die hohe Kunst für das Fahren abseits der Piste wirft viele Fragen auf, z. B.: Wie muss ich im lockeren Pulverschnee, wie im feuchten Tiefschnee den Ski drehen und belasten? Oder im Hinblick auf den Carverski: Ist die Carvingtechnik auch im Tiefschnee brauchbar?

Grundsätzlich haben alle Carverski gegenüber dem herkömmlichen Ski eine größere Auflagefläche. Durch die breitere Schaufel »schwimmen« die Ski schon bei mäßigem Tempo auf. Neben dem höheren Auftrieb ist ein weiterer Vorteil, dass bei zu starker Vorderskibelastung die Skispitzen nicht so schnell »bohren« und somit die Sturzgefahr geringer ist. Ein ganz wesentlicher weiterer Vorteil ist die kürzere Skilänge.

Aber die richtige Ausrüstung allein ist nicht alles. Selbst der erfahrene Könner muss sich immer wieder von neuem auf die jeweilige Schneeart einstellen, denn Tiefschnee ist natürlich nicht immer gleich. Man unterscheidet deshalb auf Grund der Schneebeschaffenheit etwa drei Varianten:

1. leicht fahrbarer Tiefschnee (Pulverschnee, Firnschnee)
2. gut fahrbarer Tiefschnee (Pappschnee, Sulzschnee)
3. schwer fahrbarer Tiefschnee (Pressschnee, Parkschnee, Bruchharsch, Faulschnee).

Die winterliche Bergwelt abseits des Pistenrummels zu genießen, das unberechenbare Spiel mit dem Element Schnee, die Herausforderung, einen noch »jungfräulichen« Hang als Erster und Einziger zu befahren – das alles und noch viel mehr ist Tiefschneefahren.

Basistechnik für das Tiefschneefahren

Im lockeren Pulverschnee kann man die erlernte Carvingtechnik problemlos anwenden, da sich durch die beidbeinige Skibelastung die Ski sehr gut drehen lassen. Problematischer wird es im schwierigen Tiefschnee, wo auch die Carvingtechnik an ihre Grenzen stößt, denn selbst im trockenen, knietiefen Pulverschnee sinken die Ski so stark ein, dass man sie nicht mehr sehen kann. Die bisher aufgewendete Kraft zum Skidrehen reicht nicht mehr aus, und die Gefahr, das Gleichgewicht zu verlieren, nimmt zu. Die Basistechnik für alle Situationen ist **eine Art von parallelen Schwüngen** in rhythmischer Folge und mit möglichst schmaler Beinstellung.

Bewegungsstenogramm:

- Enge Skistellung, mittlere Position.
- Aktives Aufrichten mit Stockeinsatz und beidbeinigem Abstoßen.
- Während des Aufrichtens den Oberkörper andrehen und mit dem Körper in die Kurvenlage kippen.
- Kräftiges Drehen (Rotation) des gesamten Körpers im Tiefgehen.
- Oberkörper über das Talbein beugen (Mittellage).
- Fließende Schwungverbindung.

Wichtig:
Jede Schneeart erfordert ein gewisses Tempo, je nach Gelände. Ist das Tempo zu gering, ist das Schwingen zu Kraft raubend oder nicht mehr möglich.
➤ Immer rhythmisch und nahe der Falllinie fahren, mit flüssigen Schwungverbindungen ohne Schrägfahrt.
➤ Am Schwungende erleichtert eine gut dosierte, mäßige Rücklage (Fersenbelastung) den Schwungwechsel, beim Steuern aber sofort wieder in die Neutrallage kommen.
➤ Grundsätzlich gefühlvoller als in jeder anderen Geländesituation fahren. Bei wechselnden Schneeverhältnissen (z. B. plötzlicher Wechsel vom Alt- zum Neuschnee oder umgekehrt) erhöht sich die Sturzgefahr, wenn Sie Ihre Grundposition mit gleichmäßiger Belastung der Fußsohlen vernachlässigen.

Trainingstipps zum Tiefschneefahren

Lockerer Tiefschnee auf fester Piste ist unproblematisch. Wer die Grundform des Parallelen Schwingens beherrscht, sollte zur Vorbereitung für das Tiefschneefahren folgende Trainingstipps beherzigen:

Gewöhnungsübungen:
➤ Schussfahren in ungespurtem Schnee, dabei mehrmalige kräftige Hoch-Tief-Bewegung. Jede Möglichkeit nutzen, das Feeling für Tiefschnee zu verfeinern.
➤ Schussfahren mit Wechsel von Vorlage (Ballenbelastung), Neutrallage (ganze Sohle) und Rücklage (Fersenbelastung).
➤ Aus dem Schussfahren in ungespurtem Schnee abschwingen. Den Schwung aber jeweils erst auslösen, wenn ein flüssiges Fahrtempo erreicht ist.

Zum Einfahren:
➤ Paralleles Schwingen in höherem Fahrtempo, mit ausgeprägter Hoch-Tief-Bewegung auf frisch gewalzter Piste bzw. am Pistenrand. Dabei die Vertikalbewegung bewusst übertreiben.
➤ Rhythmisches Kurzschwingen nahe der Falllinie in enger Skistellung mit und ohne Vertikalbewegung in leichtem Tiefschnee.
➤ Versuchen Sie, die Basistechnik in jeweils dem Gelände angepassten Tempo in unterschiedlicher Schneebeschaffenheit und verschiedenen Geländepassagen anzuwenden. Schärfen Sie dabei Ihr Gefühl und Bewusstsein für die Steilheit und Struktur des Geländes sowie den Drehwiderstand beim Schwingen in Verbindung mit der Einsinktiefe im Tiefschnee. Nutzen Sie die Gelegenheit, bei jedem Schnee zu fahren und nicht nur auf gepflegten Pisten. Trainieren Sie Ihre Fertigkeit, mit jeder Schneesituation umgehen zu können, und weichen Sie schlechten Schneeverhältnissen nicht aus.

Entlastung und Belastung der Ski müssen im Tiefschnee äußerst präzise und fein dosiert mit dem Drehen und Steuern der Ski koordiniert werden.

Traum-Tiefschnee wie bei dieser Bildserie zu sehen, ist leider nur selten anzutreffen. Perfekte Demonstration der Fahrweise mit Hockentlastung.

Probleme im Tiefschnee

Über die Schwierigkeit, in schwer schwingbarem Schnee die Ski zu drehen

Mögliche Ursachen:

➤ Beim Andrehen des Schwunges zu geringe Entlastung.

➤ Ihre Fahrweise ist zu verhalten und Ihr Fahrtempo zu langsam.

➤ Zu großer Radius bzw. zu lange Querfahrten zwischen den Schwüngen.

Trainingstipps:

➤ Gewöhnen Sie sich an, bereits beim ersten Schwung nahe der Falllinie anzufahren, um ein höheres Grundtempo zu erreichen. Einen mittleren Radius wählen.

➤ Versuchen Sie, zur Schwungeinleitung den Oberkörper mit dem Außenarm verstärkt kurveneinwärts zu drehen, unterstützt durch ein explosives Aufrichten, bei dem die Ski deutlich entlastet werden.

➤ Im Schwungverlauf unbedingt parallel geschlossen fahren (Blockbildung der Beine), mit fein dosierter, gleichmäßiger Belastung von Außen- und Innenski. Je mehr nur ein Ski belastet wird, desto mehr gräbt er sich ein, wobei der unbelastete Ski sich selbstständig macht. Übertriebene Außenlage und zu lange Querfahrten verursachen den gleichen Effekt.

➤ Unkontrollierte Körperbewegungen führen im Tiefschnee sehr schnell zu Fahrfehlern mit großer Wirkung, die meistens besser mit gefühlvollem Reagieren als mit Krafteinsatz korrigiert werden können.

Über mangelndes Können im Sulzschnee und im tiefen Firn

Mögliche Ursachen:

➤ Die konditionellen Voraussetzungen reichen nicht aus, bei Konditionsmangel wird jede Abfahrt in schwerem Schnee zur Kraftprobe.

➤ Zu wenig explosives Hochgehen, zu wenig Rücklage, Unsicherheiten mit der Skistellung.

➤ Angst vor dem Stürzen wegen Verletzungsgefahr – zögerliche, defensive Fahrweise.

Trainingstipps:

Es gibt skitechnisch zwei bewährte Möglichkeiten:

1. Sprungentlastung: Kraft raubend, aber sicher.

Das Aufrichten, also die explosive Streckbewegung zur Entlastung bis zum Abspringen zu steigern und die Ski möglichst ohne Schneeberührung in der Luft zu drehen. Dabei Kopf und Körperaußenseite in die neue Richtung drehen und in der Landephase im Beugen der Beine zunehmend die Fersen belasten usw.

2. Hockentlastung: Dynamisch, aber riskant. Entlastung der Ski nicht durch Hochgehen, sondern durch Tiefgehen nach rückwärts mit Fersenbelastung und gleichzeitigem Anhocken der Beine. Dabei werden die Ski unter dem Körper über die Falllinie gedreht. Das Anhocken der Beine vor dem Körper entlastet die Ski, danach wieder tastendes Druckfassen beim Weiterdrehen mit Einnehmen der Neutrallage usw. Zu viel Rücklage in der Steuerphase kostet Kraft und kann bei mangelnder Kondition zum Verlust der Tempokontrolle führen. Diese Technik erfordert eine angemessene Grundgeschwindigkeit und gelingt nur, wenn Schwung auf Schwung folgt, ohne dabei die Fahrgeschwindigkeit zu verlangsamen. Die Anwendung beider Techniken, je nach Situation, erfordert hohe skitechnische Fertigkeiten und viel Erfahrung und Gefühl.

Ohne Erfahrung, nur mit Gefühl, stößt auch ein Könner sehr schnell an seine Grenzen. Abseits der Piste kann eine Traumabfahrt, die noch am Vormittag, gerade leicht aufgefirnt, ein Hochgenuss war, durch die Einwirkung der Sonne im Lauf des Tages am späten Nachmittag zum Alptraum werden. Da kommt es eben darauf an, den richtigen Zeitpunkt für die Genussabfahrt herauszufinden. Dies gilt aber vor allem im Hinblick auf lawinengefährliches Gelände.

Tiefschneefahren muss erfühlt werden und erfordert viel Erfahrung. Nutzen Sie deshalb jede Möglichkeit, abseits der Piste das sprichwörtliche »Spiel mit dem Gleichgewicht zu erfahren.«

Diese Technik erfordert eine entsprechende Grundgeschwindigkeit.

Verhalten abseits der Piste

Tiefschneefahren abseits der Piste auf einem Idealhang und eine richtige Tiefschneeabfahrt im freien Gelände sind zwei paar Stiefel!
Aus Sicherheitsgründen ist es besonders wichtig, sich neben der unumgänglichen Fähigkeit zur Beurteilung der Lawinensituation einen 7. Sinn für das richtige Verhalten im Gelände anzueignen.
Jedes Skigebiet ist anders – je nach Höhenlage, Geländesituation und Schneebedingungen. Es ist deshalb ratsam, sich mit den Faktoren, welche die Schneeverhältnisse beeinflussen können, mehr und mehr vertraut zu machen. Dazu zählen vor allem:

- die Jahreszeit
- die Höhenlage
- die Hanglage in Bezug auf die Himmelsrichtung

Weitere wichtige Aspekte sind:

- die Niederschlagsmengen (Neuschnee)
- Stärke und Richtung des Windes
- Strahlungseinflüsse (Zeiten mit klarem Himmel)
- aktuelle Temperatureinbrüche

Es ist unverantwortlich, ohne einen ortskundigen Skilehrer oder Führer eine unbekannte Tiefschneeabfahrt zu unternehmen. Auf Grund seiner Erfahrung kann dieser den Verlauf der Schneedeckenentwicklung während des Winters verfolgen und so ein Gefühl für die jeweilige Situation entwickeln, und er kann die aktuelle Lawinensituation hinsichtlich des Witterungsverlaufs vor Ort einfach besser einschätzen.

Lawinenvorhersage und Eigenverantwortung

Doch auch das ist keine Garantie für eine richtige Einschätzung. Jeder Variantenfahrer, Tourengeher oder Freerider muss den Lawinenlagebericht, der von allen Ländern im gesamten Alpenraum erstellt wird und über Telefonansage, Faxabruf oder Internet erfahren werden kann, verstehen und interpretieren können. Er ist alpenweit in fünf Gefahrenstufen unterteilt (siehe nebenstehende Übersicht).
Entscheidend sind jedoch letztlich die Eigenverantwortung, die eigene Fähigkeit und das Wissen, kritische Verhältnisse besser beurteilen und im Einzelfall die Entscheidung treffen zu können, ob ein Hang befahren werden kann oder nicht.
Nicht zu vergessen aber auch die psychologische Komponente, die so manchen vernünftigen Entscheidungsprozess zum Scheitern bringen kann. Etliche Lawinenunfälle hätten vermieden werden können, wenn nicht »Bruder Leichtsinn« die Regie übernommen hätte, weil Selbstdarstellung, Gruppendruck oder der pure Spaß, jetzt oder nie in einen Tiefschneehang hineinzufahren, jede rationale, zunächst kritische Beurteilung der Lawinengefahr schließlich storniert hat. Vergessen wir nicht: Auch das unkontrollierte, wilde Abfahren kann das Risiko erheblich steigern.
Bevor man sich auf eine Tiefschneeabfahrt begibt, sollten neben der Abwägung der aktuellen Lawinengefahr noch weitere Faktoren und Erfahrungswerte berücksichtigt werden. Wie ist die Geländestruktur? Welche Hindernisse – z. B. Felsen, Bäume, Gräben – sind

Die europäische Lawinen-Gefahrenskala (5 Gefahrenstufen)

1 gering	2 mäßig	3 erheblich	4 groß	5 sehr groß
Schneestabilität Die Schneedecke ist allgemein gut verfestigt und stabil	**Schneestabilität** Die Schneedecke ist an einigen Steilhängen nur mäßig, ansonsten allgemein gut verfestigt	**Schneestabilität** Die Schneedecke ist an vielen Steilhängen nur mäßig bis schwach verfestigt	**Schneestabilität** Die Schneedecke ist an den meisten Steilhängen schwach verfestigt	**Schneestabilität** Die Schneedecke ist allgemein schwach verfestigt und weitgehend instabil
Auslösewahrscheinlichkeit Lawinenauslösung ist allgemein nur bei großer Zusatzbelastung an sehr wenigen, extremen Steilhängen möglich. Spontan sind nur kleine Lawinen (so genannte Rutsche) möglich	**Auslösewahrscheinlichkeit** Lawinenauslösung ist insbesondere bei großer Zusatzbelastung vor allem an den angegebenen Steilhängen möglich. Größere spontane Lawinen sind nicht zu erwarten	**Auslösewahrscheinlichkeit** Lawinenauslösung ist bereits bei geringer Zusatzbelastung vor allem an den angegebenen Steilhängen möglich. Fallweise sind spontan einige mittlere, vereinzelt aber auch große Lawinen möglich	**Auslösewahrscheinlichkeit** Lawinenauslösung ist bereits bei geringer Zusatzbelastung an zahlreichen Steilhängen wahrscheinlich. Fallweise sind spontan viele mittlere, mehrfach auch große Lawinen zu erwarten	**Auslösewahrscheinlichkeit** Spontan sind zahlreiche große Lawinen, auch in mäßig steilem Gelände, zu erwarten

Lawinenwarndienste im Alpenraum

Europa
Internet: www.lawine.org

Deutschland (Bayern)
Tel. 089 / 92 14-12 10
Internet: www.lawinenwarndienst.bayern.de

Österreich
Internet: www.lawine.at

Vorarlberg Tel. 0043 / 5522/15 88
Internet: www.vorarlberg.at/lawine

Salzburg Tel. 0043 / 662 / 15 88
Internet: www.lwz-salzburg.org/defaultnew.asp

Oberösterreich Tel. 0043 / 732 / 15 88
Internet: www.ooe.gv.at.lawinenwarndienst

Tirol, Osttirol Tel. 0043 / 512 / 15 88
Internet: www.lawine.at/tirol

Kärnten Tel. 0043 / 505 36 / 15 88
Internet: www.lawinenwarndienst.ktn.gv.at

Steiermark Tel. 0043 / 316 / 15 88
Internet: www.lawine-steiermark.at

Schweiz
Tel. 0041 / 1 / 187
Internet: www.slf.ch/avalanche/avalanche-de.html

Italien
Tel. 0039 / 04 61 / 23 03 05
Internet: www.aineva.it, www.cai-svi.it

Südtirol
Tel. 0039 / 04 71 / 27 11 77
Internet: www.provincia.bz.it/lawinen

Frankreich
Tel. 0033 / 836 / 68 10 20
Internet: www.meteo.fr/temps/france/avalanches

vorhanden? Ist das Gelände überschaubar? Welche Abfahrtsroute soll gewählt werden? Beim Einfahren in unübersichtliches Gelände muss die Sicherheit an erster Stelle stehen.

Auch der Könner sollte hier trotz perfekter Skitechnik sein Verhalten der jeweiligen Gelände- und Schneesituation anpassen können.

Besonders wichtig:

- In unübersichtlichem Gelände langsamer und kontrollierter fahren.
- In Rinnen und Couloirs mit kurzen, dosierten Schwüngen einfahren. Besonders im Frühjahr besteht die Möglichkeit, dass die Schneedecke einbricht, da unterirdisches Schmelzwasser sie aushöhlen kann.
- In Gratbereichen liegt oft wenig Schnee. Bei Abfahrten auf Graten und Hangrücken darauf achten, die seitlichen Begrenzungen zu lawinengefährlichem Gelände nicht zu überschreiten.
- Geländeabbrüche sind von oben her nur sehr schwer zu erkennen. Nur kontrolliertes, auf Sicherheit bedachtes Fahren kann eine Sturzgefahr reduzieren.

Fahren in der Gruppe

Hier sind aus Sicherheitsgründen folgende feste Spielregeln unbedingt einzuhalten:

- Jeder Einzelne hat sich den Anweisungen des verantwortlichen Führers oder Skilehrers zu unterwerfen.
- Keiner überholt während des Abfahrens einen anderen Teilnehmer der Gruppe, auch nicht bei einem Sturz des Führers.
- Der als Schlussmann eingeteilte, möglichst erfahrene Teilnehmer bleibt immer Letzter und darf niemals einen Gestürzten überholen.
- Die eigene Fahrweise und Spurwahl sollte sich an der Spur des Führers oder Vordermanns orientieren.

Helikopter-Skiing – ein exklusives Skivergnügen für Tiefschnee-Freaks

Kleine Lawinenkunde

Das Wissen um die alpinen Gefahren kann man kaum theoretisch erlernen. Nur eine praxisnahe Schulung ist sinnvoll. Jeder alpine Skiläufer sollte sich die Hauptursachen der Lawinengefahr immer wieder bewusst machen, bevor er sich in neue Tiefschneeabenteuer stürzt.

Kriterien der Gefahr

Lawinen bilden sich durch Zusammenwirken von Schnee, Wetter und Gelände. Im Einzelnen ist mit Lawinengefahr zu rechnen:

➤ Bei Neuschneemengen ab 30 cm.

➤ Bei Windwirkung durch Triebschneeablagerungen in Windschattenhängen (besonders in Kammlagen), unter Umständen sogar ohne Neuschneefall (Schneefegen).

➤ Bei Erwärmung und Durchfeuchtung der Schneedecke, insbesondere bei Föhneinbrüchen, Regen oder intensiver Sonneneinstrahlung, labilem Scheedeckenaufbau, vor allem bei Vorhandensein von so genanntem Schwimmschnee und eingeschneitem Oberflächenreif.

➤ Bei ungegliedertem Gelände in windabgewandten, häufig nordost- bis südostexponierten Lagen bei Hangneigung ab 15 %. Das gefährlichste Gefälle liegt zwischen 28° und 45°.

Lawinengefahr besteht immer:

➤ Bei starker Sonneneinstrahlung oder warmem Wetter (im Frühjahr) im steilen Gelände.

➤ Bei starker Kälte an nordseitigen Hängen (Schwimmschneebildung).

➤ Auf Leeseiten (im Windschatten) von Wächten.

➤ Auf glatten und steilen Hangflächen (Grashänge).

➤ Mehr in Mulden, Rinnen, Gräben als auf Rippen, Buckeln, Graten, Kämmen.

➤ Bei gefrorenen Firnhängen und Neuschnee.

➤ Bei V-förmigen Tälern mehr als bei trogförmigen.

➤ Auf Schattenseiten (Nordwest/Nord/Nordost/Ost), weil sich Schwimmschnee bildet.

➤ Auf Sonnenseiten (Südost/Süd/Südwest/West), weil sich Harsch bildet.

➤ Bei Wächten – deshalb immer Abstand vom Wächtenrand halten.

Was tun bei Lawinengefahr?

Grundsätzlich gilt:

➤ Außerhalb der Piste – auch im Nahbereich – niemals alleine fahren, sondern mindestens in einer Dreiergruppe. Verletzt sich einer der Fahrer, dann kann ihn der zweite versorgen und betreuen, während der dritte Hilfe holt. Wer außerhalb der Piste alleine fährt und

Glück im Unglück: die Schussflucht als Rettung – ein ganz seltener Augenblick aus Sicht des Skifahrers und auch des Fotografen

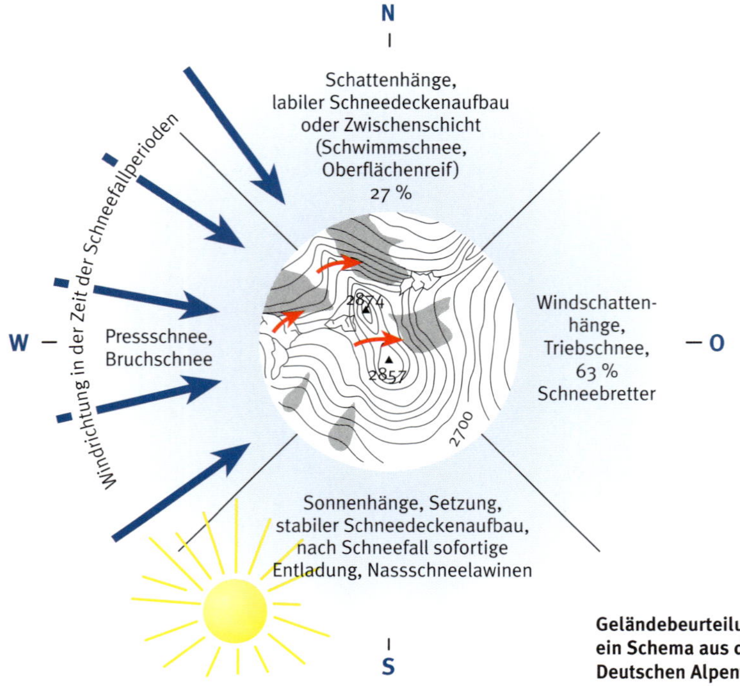

Geländebeurteilung und Lawinengefahr – ein Schema aus dem Alpin-Lehrplan des Deutschen Alpenvereins.

sich verletzt, begibt sich in eine lebensgefährliche Situation!

➤ Lawinenverdächtiges Gelände möglichst ganz meiden.

➤ Bei unausweichlicher Berührung von Lawinenhängen lange Querungen unterlassen.

➤ Anstiegsspur unter Ausnützung sicherer Geländepunkte (Rippen, Buckel, Felsinseln, Baumgruppen etc.) möglichst in der Falllinie (notfalls zu Fuß mit abgeschnallten Ski) anlegen und unumgängliche Querungen in Gefahrenzonen möglichst hoch am Hang mit fallender Spur durchführen.

➤ Abstände in der Gruppe so einhalten (auch bei Abfahrt), dass nur jeweils eine Person im unmittelbaren Gefahrenbereich ist. Abstand halten ist auch aus Gründen der Hangüberlastung geboten.

➤ Bei Gruppen Warnposten dort aufstellen, wo Einsicht in das Gefahrengebiet gegeben ist.

➤ Geistig-seelische Bereitschaft gegenüber der drohenden Gefahr.

➤ Voraussichtlichen Fluchtweg für Schussfahrt (Schussflucht) mit Ski ständig im Auge behalten (gilt nur für gute Skiläufer).

➤ Lockern bzw. Lösen aller sperrigen Gegenstände (Bindung, Stockschlaufen, Rucksackbauchriemen etc.). Dies gilt grundsätzlich, wenn keine Schussflucht beabsichtigt ist.

➤ Alle Kleidungsstücke auch bei warmem Wetter anlegen (Gefahr der schnellen Unterkühlung).

➤ Gruppen, die freies Gelände befahren, sollen sich in jedem Fall mit elektronischen Sende- und Empfangsgeräten ausrüsten. Weitere Tipps zum Off-Pist-Fahrer siehe S.124.

Lawinenklassifikation

Gesichtspunkt	Merkmale	
Form des Anrisses (Anbruch-mechanismus)	Schneebrettanriss: 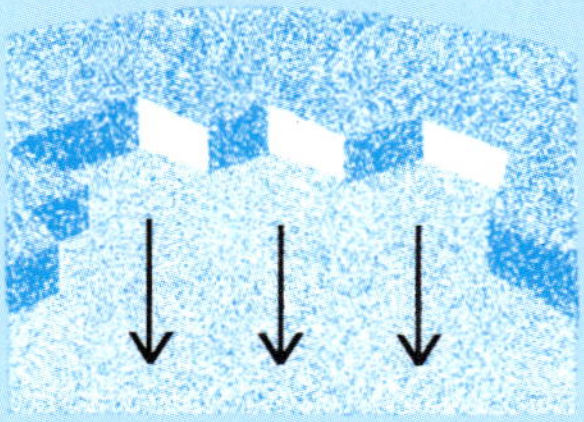	Lockerschneeanriss: 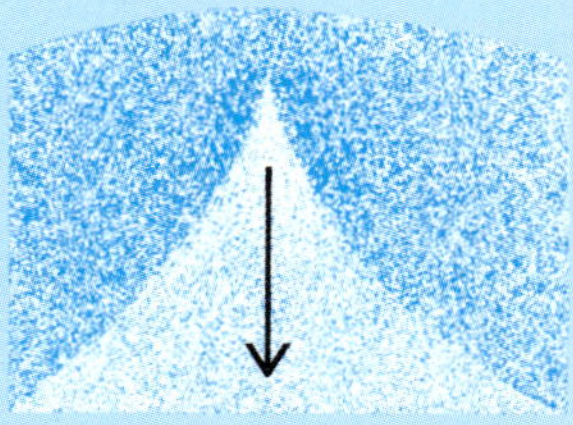
Lage der Gleitfläche	Innerhalb Schneedecke: 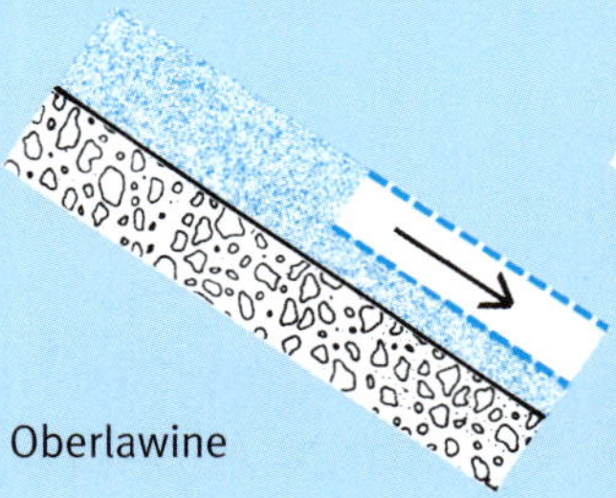 Oberlawine	Auf Boden: 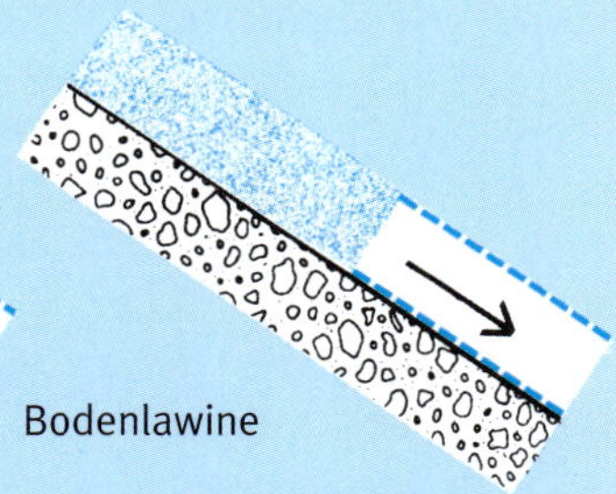 Bodenlawine
Feuchtigkeit des abgleitenden Schnees:	Trocken Trockenschneelawine	Nass Nassschneelawine
Form der Bahn (Querprofil):	Flächige Bahn Flächelawine	Runsenförmige Bahn Runsenlawine
Form der Bewegung	Vorwiegend stiebende Bewegung: 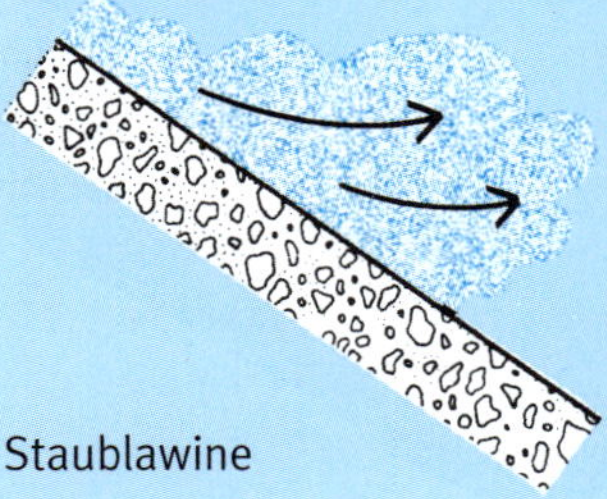 Staublawine	Vorwiegend fließende Bewegung: 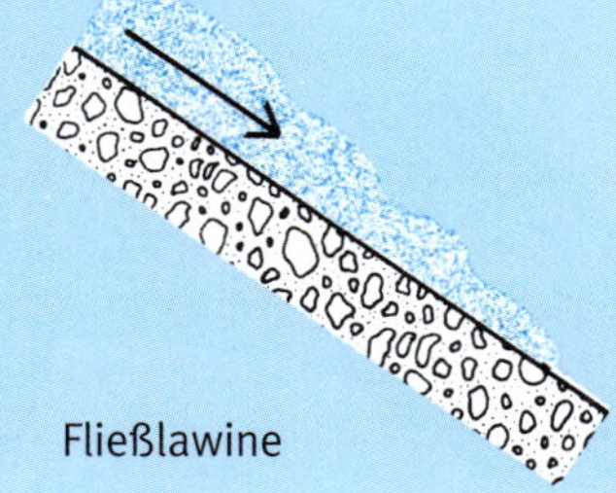 Fließlawine

Besonders wichtig:
Auch die Benützung von elektronischen Sende- und Empfangsgeräten entbindet die Skisportler abseits der Piste nicht von der Dringlichkeit, mit erhöhter Vorsicht und Sorgfalt jede lawinengefährdete Situation zu vermeiden und Gefahrenstellen zu umgehen.

Internationales alpines Rettungssignal
Innerhalb 1 Minute 6-mal Zeichen in regelmäßigen Abständen, dann 1 Minute Pause.
Antwort Rettungsmannschaft:
3-mal Zeichen in 1 Minute.
Zeichen akustisch oder visuell. In Notfällen ist jeder zur Hilfe verpflichtet.

Verhalten bei Lawinenabgang (Selbstrettungsmaßnahmen)

➤ Falls noch möglich, unbedingt Schussflucht.

➤ Befreiung von sperrigen Gegenständen (Ski, Stöcke etc.).

➤ Schwimmbewegungen mit dem Lawinenstrom in der Absicht, sich an der Oberfläche zu halten und an den Lawinenrand zu gelangen.

➤ Vor dem Stillstand der Lawine Kauerstellung einnehmen und mit Unterarmen und Fäusten vor dem Gesicht Atemraum schaffen.

➤ Selbstbefreiungsversuche unternehmen, jedoch mit Kraftreserven Haus halten. Für Befreiungsversuche ist es wichtig, die eigene Lage zu ermitteln, was durch Herausfließenlassen von Speichel aus dem Mund möglich ist. Sollte eine eigene Befreiung nicht gelingen, gilt: Ruhe bewahren und Kraft sparen.

➤ Da sich Geräusche von außen gut wahrnehmen lassen, laut rufen, wenn jemand in der Nähe ist. Gegen das aufkommende Schlafbedürfnis nicht ankämpfen, denn ein Schlafender braucht weniger Sauerstoff, und eine Rettung ist auch noch nach Tagen möglich, wenn auch unwahrscheinlich.

➤ Auf Rettung hoffen und horchen. Ständige physische und psychische Bereitschaft kann Schockwirkung verhindern.

Rettungsmaßnahmen durch Nichtverschüttete (Kameradenhilfe)

Ein modernes elektronisches Lawinensuchgerät verspricht bei Rettungsmaßnahmen den größten Erfolg, wenn der Verschüttete selbst auch mit einem kleinen Sender ausgerüstet ist.
Ist dies nicht der Fall, müssen andere Rettungsmaßnahmen getroffen werden:

➤ Den von der Lawine Erfassten bis zum Stillstand der Lawine beobachten.

➤ Dabei Erfassungs-, Verschwinde- und Haltepunkt merken und mit festen Gegenständen markieren.

➤ Warnposten wegen eventueller Nachlawinen aufstellen.

➤ Oberflächliches Absuchen und Abhören des Stauraums der Lawine.

Notsignale für den Hubschrauberpiloten

Mit den international gültigen Zeichen kann mit einem Piloten kommuniziert werden.

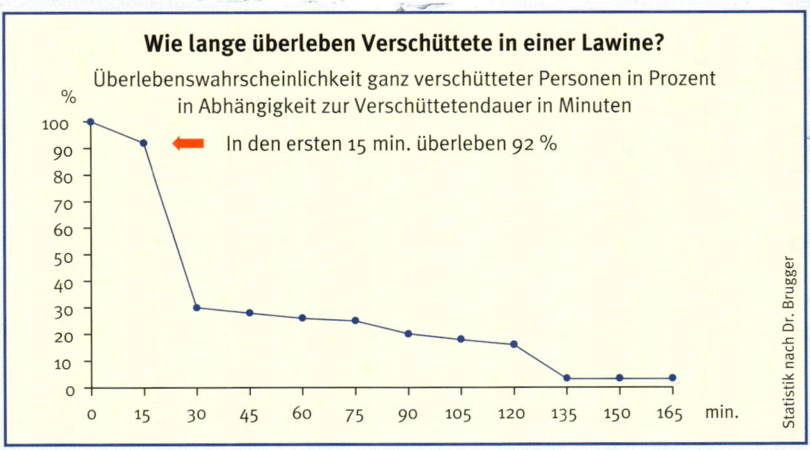

- Hilfe anfordern (Unglücksmeldung nach dem Schema: wann, wer, wie, wo?)
- Die Grobsondierung durch Zurückbleibende beginnt zunächst im Suchbereich mit größter Erfolgswahrscheinlichkeit (Streifen längs der Fließlinie zwischen Verschwinde- und Haltepunkt): Sondierungsstiche mit Sonden, notfalls mit Skistöcken und Ski, in einer Ausdehnung von 75 x 75 cm und mit einer Tiefe von wenigstens 1 m durchführen. Suchfeld nach und nach vergrößern und markieren.

Bergung von Verschütteten und Erste Hilfe

- Nach Feststellung der Lage des Verschütteten durch Richtsonden schnelles Freilegen von Nase und Mund.
- Bei Bewusstlosen unverzüglicher Beginn der Mund-zu-Mund-Beatmung während des weiteren Ausgrabens.
- Lagerung auf vorbereitetem Platz (Wärmeschutz) in Seitenlage.
- Wärmezufuhr mittels heißer Getränke (nicht bei Bewusstlosen!), Massage oder Körperwärme und trockene Kleidungsstücke.
- Versorgung sonstiger nicht lebensgefährlicher Verletzungen (z. B. blutende Wunden, Brüche).
- Abtransport erst nach erfolgter Wiederbelebung und abgeklungener Schockwirkung. Nie einen Unterkühlten aufstehen lassen. Durch Vermischung von Schalen- und Kernblut besteht die Gefahr des Bergungstodes.

Wichtige Tipps zum Off-Pist-Fahren

Die Palette der alpinen Gefahren ist vielfältig. Wer ein Lawinenwarnschild übersieht oder mit Absicht missachtet, begibt sich in die gleiche Gefahr wie ein Mensch, der es an einem unbeschrankten Bahnübergang mit einem heranrasenden Schnellzug aufnehmen will!

Die 10 wichtigsten Merkregeln (zusammengestellt vom Lehrteam Skitour des DSV) hinsichtlich der Sicherheit abseits der Piste sind unbedingt zu beachten:

1. Aktuellen Lawinenlagebericht (LLB) einholen. Weiterführende Infos gibt es im Internet unter www.lawinenwarndienst-bayern.de.
2. Planung der Variantenfahrt unter Einbeziehung der Schnee- und Wetterverhältnisse, Gelände und Mensch.
3. Persönliches Können und Selbsteinschätzung: Leichtsinn wie auch Selbstüberschätzung können zur Katastrophe führen.
4. Ausrüstung muss vor der Benützung überprüft werden.
5. VS-Geräte-Kontrolle muss vor jedem Variantentag überprüft werden.
6. Geländeorientierung. Vertrautmachen und Vergleich zwischen Karte und Gelände.
7. Einfahren/Warmfahren als Vorbeugung für Verletzungsrisiko.
8. Überprüfen des LLB und ständiger Abgleich mit der vorherrschenden Situation.
9. Organisation der Abfahrt vor allem in der Gruppe.
10. Einzelhang-Check vor dem Einfahren in das Gelände, um eine Entscheidung »Ja oder Nein« zu treffen.

Der Skisport – auch eine Gefahr für die Natur

Immer mehr Skifahrer haben die überfüllten Skizentren satt und ziehen ihre Schwünge anstatt auf ausgebauten, stark frequentierten Skiautobahnen im Bereich von Tourenabfahrten, Wald- und Gletschergebieten. In einigen Skiregionen wurde zum Schutz der Natur bereits eine klare Trennung von Skigebiet und Schutzgebiet vorgenommen. Auch der Naturraum Alpen bedarf in Zukunft eines aktiven Umweltschutzes, denn ohne entsprechende Rücksichtnahme wird jede Massen-Sportart ökologisch bedenklich.

Schädliche Auswirkungen auf die Natur können nur dann vermieden werden, wenn die Sport treibende Bevölkerung nicht nur die Befriedigung eigener Interessen sucht, sondern auch in Zukunft ein Mindestmaß an Rücksicht gegenüber Pflanzen- und Tierwelt walten lässt.

10 Verhaltensregeln zur Schonung von Wald und Wild

1. Markierungen und Hinweise beachten, keine unnötige Aufstiegsspur anlegen.
2. Nicht über unberührte Hänge abfahren, wenn Wildtiere gestört werden könnten.
3. Wildtieren ausweichen oder sanft auf sie aufmerksam machen.
4. Wildtiere nicht verfolgen, nur aus der Distanz beobachten.
5. Futterstellen meiden.
6. Hunde in der Wald- und Latschenregion anleinen.
7. Wälder auf Wegen und Straßen durchqueren.
8. Aufforstungs- und Jungwuchsflächen nicht befahren.
9. Junge Einzelbäume schonen.
10. Bodenvegetation bei geringer Schneeauflage nicht beschädigen.

Anhang

Die FIS-Verhaltensregeln für Alpinskifahrer und Snowboarder

1. Rücksicht auf die anderen Skifahrer
Jeder Skifahrer und Snowboarder muss sich so verhalten, dass er keinen anderen gefährdet oder schädigt.

2. Beherrschung der Geschwindigkeit und der Fahrweise
Jeder Skiläufer und Snowboarder muss auf Sicht fahren. Er muss seine Geschwindigkeit und Fahrweise seinem Können und den Gelände-, Schnee- und Witterungsverhältnissen sowie der Verkehrsdichte anpassen.

3. Wahl der Fahrspur
Der von hinten kommende Skifahrer und Snowboarder muss seine Fahrspur so wählen, dass er vor ihm fahrende Skiläufer und Snowboarder nicht gefährdet.

4. Überholen
Überholt werden darf von oben oder unten, von rechts oder links, aber immer nur mit einem Abstand, der dem überholten Skifahrer oder Snowboarder für alle seine Bewegungen genügend Raum lässt.

5. Einfahren und Anfahren
Jeder Skifahrer und Snowboarder, der in eine Skiabfahrt einfahren oder nach einem Halt wieder anfahren oder hangaufwärts schwingen oder fahren will, muss sich nach oben und unten vergewissern, dass er dies ohne Gefahr für sich und andere tun kann.

6. Anhalten
Jeder Skifahrer und Snowboarder muss es vermeiden, ohne Not an engen oder unübersichtlichen Stellen einer Abfahrt anzuhalten. Ein gestürzter Fahrer oder Snowboarder muss eine solche Stelle so schnell wie möglich frei machen.

7. Aufstieg und Abstieg
Ein Skifahrer, der aufsteigt oder zu Fuß absteigt, muss den Rand der Abfahrt benutzen.

8. Beachten der Zeichen
Jeder Skifahrer und Snowboarder muss die Markierung und die Signalisation beachten.

9. Verhalten bei Unfällen
Bei Unfällen ist jeder Skifahrer und Snowboarder zur Hilfeleistung verpflichet.

10. Ausweispflicht
Jeder Skifahrer, ob Zeuge oder Beteiligter, ob verantwortlich oder nicht, muss im Falle eines Unfalls seine Personalien angeben.

Pisten- und Loipenmarkierung

Die Pisten- und Loipenmarkierung ist im Prinzip im gesamten Alpenraum einheitlich genormt. Über die folgenden Bestimmungen und Markierungszeichen ist in den Alpenländern Übereinstimmung erzielt worden. Pisten und auch Loipen werden je nach Schwierigkeitsgrad in drei verschiedenen Farben markiert:

blau = leichte Piste und Loipe
rot = mittelschwere Piste und Loipe
schwarz = schwere Piste/Loipe

Ausnahmen: In Italien werden zusätzlich sehr leichte Pisten und Loipen in grüner Farbe markiert. In der Schweiz werden Loipen nicht auf die beschriebene Weise gekennzeichnet: Die Markierungsfarbe ist dort einheitlich gelb.
Für die Beurteilung der Schwierigkeit gibt es keine festgelegten Kriterien. Die Einteilung geschieht zumeist nach rein subjektivem Ermessen der jeweiligen Bergbahnbetreiber. Folgende zusätzliche Markierungsschilder sind in der Alpenregion gebräuchlich:

Kennzeichenschilder

Kennzeichenschilder stehen am Anfang und am Ende einer Abfahrt sowie dort, wo andere Pisten auf diese Abfahrt treffen.
Je nach Schwierigkeitsgrad der betreffenden Abfahrt sind die Schilder blau, rot oder schwarz.

Allgemeines Gefahrenzeichen

Pistengerät

Absturzgefahr

Gletscherspalte

Engstelle

Kreuzung

Kreuzung mit Straße

Kreuzung mit Schlepplift

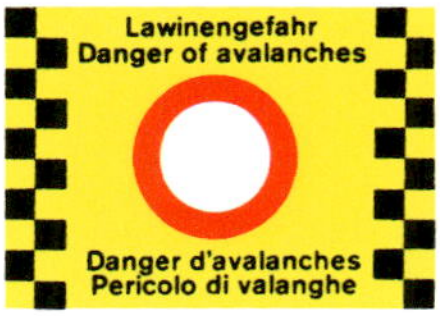

Skipiste (Skiroute) gesperrt

Lawinenwarntafel

Verbotsschilder

Die auffallend gelben Verbotsschilder weisen eine Abfahrt als gesperrt aus. Die Missachtung eines Verbotsschilds kann mit einer empfindlichen Geldbuße geahndet werden.

Gefahrenschilder

Die Gefahrensymbole dieser Schilder gleichen den gebräuchlichen Zeichen im Straßenverkehr.

Hinweisschilder

Sie kennzeichnen in relativ kurzen Abständen (ca. 200 m) den Streckenverlauf einer Skipiste. Bei Nebel sind sie oft die einzigen Anhaltspunkt, um sicher ins Tal zu gelangen. Die größer geschriebene Zahl bezeichnet die Nummer der Abfahrt, die kleinere die Nummer des jeweiligen Schildes, wobei die Schilder vom Start der Abfahrt (höchste Ziffer) bis zum Ende durchnummeriert sind.
Das hat den Vorteil, dass man die noch verbleibende Entfernung bis zur Talstation grob abschätzen kann. Außerdem lässt sich z. B. der Unfallort, an dem ein Verletzter liegt, genau bestimmen, sodass die Rettungsdienste nicht lange suchen müssen.